Königs Erläuterungen und Materialien
Band 338

Erläuterungen zu

Aldous Huxley

Schöne neue Welt (Brave New World)

von Reiner Poppe

Bange Verlag

Über den Autor:
Reiner Poppe: Studium der Anglistik, Romanistik und Germanistik. Unterrichtstätigkeit im In- und Ausland.
Postgraduiertenstudium im Fachbereich Erziehungswissenschaften und „Interkulturelle Studien".
Langjährige Sonderaufgaben in der Lehrerausbildung und -fortbildung. Derzeit mit der Leitung eines schulübergreifenden Projekts zur sprachlichen Integration von Jugendlichen mit Migrationshintergrund in Leverkusen (NRW) beauftragt.
Zahlreiches unterrichtsbezogene Veröffentlichungen zur amerikanischen, englischen und deutschen Literatur.

1. Auflage 2001
ISBN 3-8044-1724-8

Die Karte auf Seite 32 wurde von Sandra und
Brandon L. McBride angefertigt.
Satz: kobold layout initiative . bamberg . www.kobold-layout.de

Titelabbildung: Aldous Huxley
Druck und Weiterverarbeitung: Tiskárna Akcent, Vimperk

Vorwort 4

1. Aldous Huxley: Leben und Werk 8
1.1 Biografie 8
1.2 Zeitgeschichtlicher Hintergrund 14
1.3 *Schöne neue Welt* im Schaffenskontext Aldous Huxleys 21

2. Textanalyse und -interpretation 26
2.1 Entstehung und Aufnahme des Romans 26
2.2 Inhaltsangabe 29
2.3 Aufbau 39
2.4 Personenkonstellation und Charakteristiken 44
2.5 Sachliche und sprachliche Erläuterungen 57
2.6 Stil und Sprache 64
2.7 Interpretationsansätze 69

3. Themen und Aufgaben 80

4. Rezeptionsgeschichte 84

5. Materialien 88

Literatur 92

Vorwort

Genmanipulation, Klonen, bio-chemische Substanzveränderungen - unsere Zeit ist reich an gefährlichen Begriffen und gefährlichen wissenschaftlichen Versuchen am Leben. Sind wir dadurch reicher - werden wir ärmer? Nun, auch der medizinisch-technische Fortschritt ist unaufhaltsam, und jeder von uns hat an zukunftsorientierten Entwicklungen bereits teil, ohne sich stets Gedanken zu machen, wohin sie ihn/uns führen. Von Zeit zu Zeit sollten wir innehalten und uns besinnen, die ‚selbstverständlichen' Gewohnheiten in unserem Leben befragen. Wir sollten so sein wie *John the Savage* aus Aldous Huxleys Roman ***Brave New World***: Wir sollten uns als Gast in unserer Welt fühlen, sie auf uns wirken lassen und sie reflektieren. Wir sollten uns stets bewusst sein, dass wir fühlende, denkende, sprachmächtige und kritikfähige Individuen sind. Wir sollten alles tun, jeder in seinem Lebensraum, um zu verhindern, dass diese Befähigungen verloren gehen. -

Ein junger Mann, so der ‚plot' des Romans, kommt aus einem Indianer-Reservat in eine total verwaltete, mit subtilsten wissenschaftlichen Methoden und mit sanfter Gewalt glücklich gemachte Einheitswelt, die von einem Weltaufsichtsrat beherrscht wird. Der junge Mann kommt mit der seelenlosen Philosophie und den Gewohnheiten der neuen Welt nicht zurecht und unterliegt schließlich dem System, gegen dessen Unmenschlichkeit er sich mit seinen Mitteln zur Wehr zu setzen bemüht hat.

Huxleys Roman kann auch heute, siebzig Jahre nach seinem Erscheinen, nicht ohne bange Gefühle gelesen werden. Manches erscheint amüsant, weil unsere Zeit wirklich weiter ist.

Anderes hingegen löst Erschrecken und Zukunftsängste aus. Der Weltstaat mit perfekten Überwachungs- und Manipulationsmechanismen ist zwar noch nicht Wirklichkeit geworden, doch der „große Bruder" ist schon mitten unter uns. Die Strömungsgeschwindigkeit, die uns alle auf nahezu allen Gebieten des Lebens mitreißt, nimmt täglich zu. Deshalb ist *Brave New World* ein zeitgemäßer Roman, ein Roman für das Heute und das Morgen. Er ist zudem ein verständlicher Roman, obwohl Aldous Huxley, ein Polyhistor und Universalist wie nur wenige, es uns gelegentlich nicht leicht macht, ihm in die Winkel seines Denkens zu folgen. Dennoch ist Huxleys Botschaft klar.

Mit unserem Erläuterungsband möchten wir dem (jugendlichen) Leser helfen, den Roman und seine Botschaft genauer zu verstehen. Wir sind dabei so ausführlich wie nötig. Im Interesse derjenigen aber, die unsere Informationen, Gedanken und Materialien zeitökonomisch nachvollziehen wollen, werden die angesprochenen Aspekte nicht allzu breit abgehandelt: Das **einführende Kapitel** unserer Erläuterungen bleibt im Wesentlichen auf den ‚roten Faden' beschränkt. (**1.1–1.3**) Wir möchten darin einzelne Stationen von Huxleys Weg zu sich selbst aufzeigen, auf dem sich viele Wege kreuzen (Literatur und Philosophie, Naturwissenschaften und Religion, Kulturen und Sprachen der Welt). Dabei sollen die Verbindungslinien vom Leben zum Werk, primär zu *Brave New World,* deutlich gemacht werden. – Die **Erhellung des Romans** selbst wird in mehreren aufeinander bezogenen Abschnitten geleistet. (**2.1–2.7**). Die Wort- und Sacherklärungen (**2.5**) könnten um Dutzende erweitert werden, ja es könnte ein ganzes Buch zu diesem Roman ausschließlich mit „Erklärungen" geschrieben werden. Wir erwarten vom Lernenden, dass er, einmal auf die Spur gesetzt, auch allein weitersucht. – Die Ausführungen werden mit einer Reihe von Zitaten abgeschlossen (**2.7**), die Ansatzmomente für die eigene Interpretation bieten. – Unter **Themen und Aufgaben** deuten wir Möglichkeiten der schriftlichen Verarbeitung von einzelnen der zuvor angesprochenen Aspekte an (**3.**). In ihnen werden auch kreativ-produktionsbezogene Aufgabenstellungen vorgeschlagen. – Das **Rezeptionskapitel** führt mit knappen Hinweisen über die kritisch-verarbeitende oder künstlerische Aufnahme des Romans *Brave New World* hinaus (**4.**). – Die Zitate im abschließenden Kapitel **Materialien** sind auf die **literarische Utopie** bezogen, in deren Tradition Huxleys Roman steht. (**5.**) – Im relativ breit angelegten **Literaturverzeichnis** sind allgemein leicht zugängliche Titel angeführt. Sie überschreiten jedoch den Umfang des für die Lektüre des Romans Erforderlichen. Wir möchten den Lernenden zum Weiterlesen anstoßen. Vielleicht finden auch Huxley-Enthusiasten darin noch etwas Neues. –

Ferner wollen wir unsere Leser auch auf einzelne formale Gesichtspunkte hinweisen. Die begleitenden **Textfelder** enthalten zentrale Stichwörter zur raschen inhaltlichen Rezeption des jeweiligen Kapitels. In den Kapiteln **2.3** und **2.4** unterstützen **Grafiken** unseren Erläuterungsgang. Wir verstehen sie als Anregungen zu eigenständigen Versuchen des Lernenden. – Unseren Erläuterungen liegt die **deutschsprachige Ausgabe** aus dem Fischer Verlag zu Grunde (**Fischer Tb. 26,** 58. Auflage 2000).
Jedem, der mit Huxleys Roman zu tun hat, wünschen wir unterhaltsame Stunden. Natürlich freuen wir uns, wenn die Lektüre durch unsere Erläuterungen begleitet und die Leseeindrücke durch sie vertieft werden.

R. P. Hollfeld, Mai 2001

1. Aldous Huxley: Leben und Werk

1.1 Biografie

Jahr	Ort	Ereignis	Alter
26. Juli 1894	Godalming/ Surrey	Aldous Leonard Huxley wird geboren. Gebildete Familie (Wissenschaftler, Schriftsteller). Die Mutter ist mit Matthew Arnold[1] verwandt. – Aldous ist das jüngste von vier Huxley-Kindern.	
1901	Prior's Field	Die Familie zieht nach Prior's Field um; Mrs. Huxley macht eine eigene Schule auf.	7
1908	Eton	Aldous H. wird Schüler – Tod seiner Mutter.	14
1911	Eton	Wegen einer schweren Augenerkrankung muss er die Schule aufgeben; beinahe vollständige Erblindung. Die angestrebte wissenschaftliche Karriere als Arzt scheint aussichtslos.	17
1912	Marburg, Grenoble	Nach beinahe einem Jahr Besserung; im Sommersemester hält sich Aldous H. zu einem Studienaufenthalt in Marburg auf,[2] dem sich ein weiterer in Grenoble anschließt.	18

1 Der Name der Arnolds war mindestens ebenso bekannt wie der der Huxleys. Matthew Arnold (1822–1866) war ein angesehener und einflussreicher, wenn nicht der einflussreichste Literaturkritiker der viktorianischen Epoche.

2 Bei seinen Studienaufenthalt in Deutschland und Frankreich ging es Huxley um die Erweiterung seiner Kenntnisse in der Kultur und Sprache der Gastländer. Für einen Engländer der gehobenen Schichten war jenerzeit eine Reise auf das europäische Festland ein unverzichtbarer Bildungsbaustein.

Jahr	Ort	Ereignis	Alter
1913	Oxford	Im Oktober nimmt Aldous H. ein Anglistik-Studium am Balliol College in Oxford auf. Er belegt auch philosophische Vorlesungen.	19
1915		Bekanntschaft mit dem englischen Schriftsteller D. H. Lawrence; Aldous H. lernt Maria Nys kennen, eine Belgierin, die er vier Jahre später heiratet.	21
1916	Garsington	Aldous H. beendet sein Studium und unterrichtet als Aushilfslehrer; im Herbst tritt er in Garsington seinen Zivildienst an; er lernt einflussreiche und teilweise bereits bekannte Literaten kennen, u. a. Middleton Murry. Begeisterung für D. H. Lawrences schwärmerische Utopie „Rananim". Huxley befasst sich mit kleineren literarischen Projekten; erste Veröffentlichungen (Gedichte).	22
1919		Am 10. Oktober heiratet A. H. Maria Nys.	25
1920		Nach der Geburt des Sohnes Matthew tritt A. H. eine Stelle bei der „Westminster Gazette" an. *Limbo*, eine Sammlung von Kurzgeschichten, erscheint	26

Jahr	Ort	Ereignis	Alter
1921	Italien, Frankreich	Nahezu ein Jahrzehnt lang halten sich die Huxleys nun in Italien und Frankreich auf; mehrere Bücher entstehen: u. a. die Romane *Crome Yellow* (1921), *Antic Hay* (1923) und *Point Counter Point* (1928), die Essays *Along the Road* (1923) und *Proper Studies* (1927).	27
1926	USA	Enge Freundschaft mit dem Ehepaar Lawrence. – Aufenthalt u. a. in den USA.	32
1928		A. H. hat seine Doppelbegabung als Romancier und geistvoller Essayist herausgebildet und ist als Schriftsteller inzwischen bekannt.	34
1930	Sanary-sur-Mer	Die Huxleys beziehen ihren langjährigen Wohnsitz in Sanary-sur-Mer (Südfrankreich). Dort werden sich im Verlaufe eines Jahrzehnts europäische Schriftsteller von Rang versammeln, namentlich deutsche Exilanten. – David Herbert Lawrence stirbt.	36
1932	Sanary-sur-Mer	Huxleys berühmter Roman ***Brave New World*** erscheint. – Intensive Beschäftigung mit Religion und Philosophie. – Herausgabe der Briefe von D. H. Lawrence.	38

Jahr	Ort	Ereignis	Alter
1933		Tod des Vaters	39
1936		Veröffentlichung von *Eyeless in Gaza* (Roman)	42
1937	USA	Die Huxleys siedeln in die USA über; Entschluss, nicht mehr nach Europa zurückzukehren. Spätere Reisen nach Europa werden folgen. – Europa vor dem 2.Weltkrieg. Der inzwischen hoch geschätzte Schriftsteller befasst sich mit der Erforschung parapsychologischer Phänomene.	43
1939		Ausbruch des 2. Weltkrieges. – Veröffentlichung von *After Many A Summer Dies The Swan* (Roman). – Jahre intensiven literarischen Arbeitens mit wichtigen Veröffentlichungen, u. a. *The Perennial Philosophy* (1945), *Science, Liberty and Peace* (1946).	45
1948		Erster Europabesuch nach dem Krieg	54
1949		Der Roman *Ape and Essence* erscheint, in dem Huxley die in *Brave New World* gestellten Fragen wieder aufgreift.	55
1952		Nach einem Virusinfekt erneute schwere Augenerkrankung; dennoch beendet H. die bedeutende historische Biografie *The Devils*	58

Jahr	Ort	Ereignis	Alter
		of Loudon, die im Frankreich des 17. Jahrhunderts angesiedelt ist.	
1953		Erste persönliche Versuche mit bewusstseinserweiternden Drogen; die Erfahrungen legt A. H.	59
1954		in der Essaysammlung *The Doors of Perception* nieder. – Zweite ausgedehnte Europa- und Mittelmeerreise der Huxleys nach dem Krieg. –	60
1955		Maria Huxley stirbt am 12. Februar an den Folgen einer Krebserkrankung	61
1956		Aldous Huxley heiratet die Psychotherapeutin Laura Archera, die mit beiden Huxleys befreundet war.	62
1958	Südamerika	Reise nach Peru und Brasilien. Veröffentlichung der Essaysammlung *Brave New World Revisited*; erneuter Aufenthalt in Europa mit einer ausgedehnten Vortragsreise durch Italien.	64
1959	USA	Aldous Huxley hält Vorlesungen und übernimmt in den folgenden drei Jahren Gastprofessuren an amerikanischen Universitäten (Santa Barbara; Boston, Berkeley)	65
1961	Europa	Wieder in Europa unterwegs. Aldous Huxley wird zum wiederholten Male einer Radiumbe-	67

Jahr	Ort	Ereignis	Alter
		handlung wegen einer Zungenkrebserkrankung unterzogen, die 1960 diagnostiziert worden war.	
1962		Der Roman *Island* wird veröffentlicht. Huxley hatte über sechs Jahre daran gearbeitet. Der Roman gilt als eine Art Vermächtnis.	68
1963	Los Angeles	Sein letztes Buch erscheint, der Essayband *Literature and Science*, in dem Aldous Huxley zwischen Kunst und Wissenschaft zu vermitteln sucht. – Er stirbt an den Folgen seiner Krebserkrankung am 22. November in Los Angeles. Posthume Veröffentlichung von	69
1964		*Shakespeare and Religion*	

1.2 Zeitgeschichtlicher Hintergrund

Es scheint verhältnismäßig einfach, die Einflussbereiche zu bestimmen, die Huxleys Werk weltanschaulich, thematisch und formal geprägt haben: Familienhintergrund und gesellschaftliches Umfeld, bedeutende Persönlichkeiten und Erfahrungen aus Reisen rund um die Erde, die Künste und Wissenschaften, Religion und Philosophie. Von den vielen Menschen, denen er begegnete[3], stehen der Schriftsteller David Herbert Lawrence und der Mediziner F. Matthias Alexander an herausragender Stelle. In einem Atemzug sind die Erkenntnisse herauszustellen, die er in den Begegnungen mit ganz anderen geistigen Welten gewann (u. a. fernöstliche Religionen; Götterglaube der Indianer). Mit dem ihm eigenen Wissensdurst erschloss er sie sich und inkorporierte sie in sein sich zunehmend verdichtendes Welt- und Menschenbild. Als ein ganz wesentliches Moment spielten Erfahrungen mit Rauschmitteln in die Entwicklung seines Denkens und Schreibens hinein. Ganz selbstverständlich war Huxley als ein umfassend gebildeter Literat in der (englischen) Literatur zu Hause. *Brave New World* bezeugt diese Verwurzelung des Autors. Aber es ist nicht nur Shakespeare, der einen besonderen Platz einnimmt (⇒ **2.7**); Huxley war auch ein Kenner der übrigen Literatur seines Landes und setzte die Tradition der literarischen Utopie fort, die bis in das frühe 20. Jahrhundert ganz maßgeblich von englischsprachigen Autoren geprägt worden war.
Es scheint ein Leichtes, die Schichten einzeln abzutragen, die Huxleys geistigen Kosmos und damit sein literarisches Lebenswerk profilieren. Unverhältnismäßig schwieriger wird es,

3 Allein die Liste der Literaten, mit denen Huxley etwa ab 1915 bekannt und befreundet war, ist lang. Einige bedeutende Namen sind Katherine Mansfield, Virginia Woolf, Thomas Stearns Eliot, John Middleton Murry, Osbert Sitwell, Ottoline und Philip Morell, Bertrand Russell und David Herbert Lawrence.

wenn es darum geht, diese einzelnen Stränge auf einen gemeinsamen Nenner zu bringen. Dann werden bei Huxley auch Brüche und Widersprüchlichkeiten offenbar. Sie gehören zu ihm und kennzeichnen seinen Lebens- und Schaffensweg. Ich zitiere einen meiner Ansicht nach gelungenen Versuch, das Besondere der Persönlichkeit und des Künstlers Aldous Huxley zusammenzufassen:

> *„An intellectual with a mistrust of mind and language, an artist who prefers unpopular truth to artistic effect and whose search in art for standards to live by is accompanied by a mistrust of art, a lifeworshipper (...), an alleged mystic who is always clear and rational, and a knowledgable scientist who has written a century's severest critiques of science ..."* [4]

Der Reichtum an lebensprägenden und schaffensfördernden Einflussmomenten wird im Folgenden ausgeführt. Das kann im Rahmen dieser Darstellung nur andeutungsweise geschehen. Das Interesse des Lesers sollte jedem dieser Aspekte gleichermaßen gelten.

Aldous Huxleys Kindheit und Jugend, sieht man von seinem schweren Augenleiden ab, das seine Laufbahn als Naturwissenschaftler verhinderte, war die eines sorgenfreien ‚gentleman'. Er wurde in eine begüterte Familie hineingeboren, die sich zudem ihres ungewöhnlichen kulturellen Hintergrundes sehr bewusst war: Schriftsteller und Wissenschaftler dominierten väterlicher- und mütterlicherseits die Vorgänger-Generationen.[5] Der Alltag in dem höchst lebendigen geistigen Klima, das zu Hause und in den von ihm besuch-

---

4 Jerome Meckier: *Aldous Huxley* zitiert in Reiner Poppe, Erläuterungen, S. 44

5 Thomas Henry Huxley (1825–1895), der Großvater A. H.s, war ein hoch angesehener Biologe und Verfechter der Darwinschen Evolutionslehre. – In der mütterlichen Linie führte Thomas Arnold (1795–1842), ein namhafter Pädagoge, die Reihe bedeutender Köpfe der Arnolds an.

Intelligenter junger Mann aus gutem Hause – Als Globetrotter rund um die Welt

ten Schulen herrschte, bildete früh seine Empfänglichkeit für Kunst und Kultur sowie für Fragen zum Leben aus, die auch von anderer Warte aus (Biologie, Philosophie) angegangen und diskutiert wurden. Der Satz „It is language and culture that we owe our humanity"[6] kennzeichnet Huxleys geistigen Standort, der in ihm bereits verortet war, noch ehe er die Welt wirklich kennen gelernt hatte. In *Brave New World* wird dieser Satz nachgerade zum Polarisationskern zwischen Mustafa Mond und John the Savage.

Aldous Huxley und D. H. Lawrence kannten sich seit 1915[7], aber erst bei ihrer zweiten Begegnung entstand eine bis zu Lawrences Tod (1930) anhaltende Freundschaft. David Herbert Lawrence entstammte einer Bergmannsfamilie aus dem nordenglischen Industriegebiet (Nottingham). Dieses soziale Umfeld hat ihn wesentlich geprägt. Er war Lehrer, ehe er kärglich vom Schreiben leben konnte. Von einer schweren Lungenerkrankung kaum erholt, brannte er 1912 mit der Ehefrau eines gewissen Ernest Weekley, der deutschstämmigen Frieda von Richthofen, nach Italien durch. Sie heirateten nach der Scheidung der Weekleys. Ihre Ehe war turbulent bis zum frühen Tod David Herbert Lawrences. – Von Lawrence lernte Huxley das ‚Ein- und Ausatmen', den meditativen Rückzug in sich selbst. Er übernahm dabei auch das Malen, von Lawrence zeitlebens intensiv ausgeübt. Als sich die beiden Ehepaare 1926 in Italien erneut trafen, hatte Lawrence schon mehrere Bücher veröffentlicht: *Sons and Lovers*, 1913; *The Rainbow*, 1915; *Women in Love*, 1920. Im Jahr ihres Zusammentreffens erschien *The Plumed Serpent*, von dem Huxleys *Brave New World* nicht unbeeinflusst blieb. Was Huxley an dem knapp

6 *Culture and the Individual* zitiert aus dem Internet (s. Literatur)

7 Robert Lucas: *Frieda von Richthofen*, S. 155

zehn Jahre Älteren faszinierte, war dessen Philosophie von der Schönheit und Reinheit des Lebens, in dem auch die Sexualität etwas beinahe Heiliges hatte. Andere sahen in Lawrence einen Schriftsteller, der die ungehemmte Sexualität verherrlichte. Dieser Vorwurf ist von der Literaturforschung längst beseitigt worden. Es ging Lawrence u. a. um die Darstellung von körperlicher Liebe als Ausdruck einer ganzheitlich gelebten Geschlechterbeziehung, vollkommen abseits von Pornografie, aber auch jenseits von falscher Scham und Prüderie. Der englische Literaturwissenschaftler Frank Kermode betonte: „Lawrence was always, whatever he might seem to be doing, a most moral writer."[8] Kein anderer Mensch und Künstler hatte in diesem verhältnismäßig kurzen Zeitraum einen derart impulsgebenden Einfluss auf Huxley ausgeübt wie D. H. Lawrence. –

Prägung fürs Leben: D. H. Lawrence; Die Welt der Literatur – ganz oben: William Shakespeare

Es war eine glückliche Fügung, dass Huxley wenige Jahre nach dem Tod des Freundes, dessen Briefe zu veröffentlichen er sich aufgerufen fühlte[9], wieder auf einen Mann traf, der sein weiteres Leben um eine wesentliche Erkenntnis erweiterte: F. M. Alexander. Der australische Wissenschaftler vermittelte ihm glaubwürdig die Vorzüge eines Ganzheitsansatzes in der Medizin, die zugleich auf das Glückhafteste mit den Vorstellungen des Schriftstellers von einem ganzheitlichen Weltbild übereinstimmten. Durch ihn erhielt Huxley eine nun empirisch begründete Bestätigung der eher schwärmerischen und wissenschaftlich nicht abgesicherten Ideen seines verstorbenen Freundes. –

8 Frank Kermode: *Lawrence*, S. 135

9 Die Herausgabe der Briefe war ein letzter Dienst Aldous Huxleys für den verstorbenen Freund: *D. H. Lawrences Briefe*. Mit einer Einleitung von Aldous Huxley. Zürich: Diogenes, 1979 (Engl.: The Letters of D. H. Lawrence). – Aldous Huxley blieb mit Frieda Lawrence auch in den weiteren Lebensjahren befreundet.

‚Reisen bildet', lautet eine volkstümliche Weisheit. Huxley war beinahe ständig irgendwo unterwegs. Demzufolge war sein Reservoir an Erfahrungen und Erkenntnissen, die er in fremden Ländern in sich aufgenommen hatte, nahezu unerschöpflich. Europa, besonders Italien und Frankreich, waren immer wieder seine Reiseziele, aber auch Südostasien und Mexiko, Ägypten und das Mittelmeer. Als die Huxleys 1936 ihr Haus in Sanary-sur-Mer (Provence) aufgaben, um in die USA überzusiedeln, begann für den Schriftsteller ein besonders unruhiger Lebensabschnitt mit wechselnden Lebensschauplätzen. Der Aufenthalt dort führte Huxley aber auch einen Schritt weiter zu sich selbst. In Hollywood, wo er an Filmprojekten mitwirkte, gewann er Einsichten in die vedantische Philosophie (vgl. auch S. 23 dieser Erläuterung) aus dem Alt-Hinduismus und beschäftigte sich auch ausgiebig mit dem Buddhismus.[10] Die geistige Mitte des Lebens wurde nun immer deutlicher für ihn wahrnehmbar, und er zog den Kreis um diese Mitte immer enger.

Huxley war geistig sein ganzes Leben lang in der Welt der englischen Renaissance zu Hause. Ihr fühlte er sich tief verbunden. Für ihn lebten die Menschen jener Epoche (16./17. Jh.) nicht nur einer beinahe rücksichtslosen Selbstverwirklichung. Sie entsprachen gleichsam in ihren extremen Gegensätzen der Temperamente dem geordneten Chaos des Universums.[11] William Shakespeare (1564–1616) nahm und nimmt als später Repräsentant dieser Epoche in der Weltliteratur eine

10 Vedanta = das Ende der Heiligen. Der Hinduismus kennt kein religiöses Dogma. Die göttliche All-Seele (brahman) spiegelt sich in der menschlichen Einzelseele (atman). – Vgl. dazu Theo Schumacher: *Aldous Huxley*, S. 82–85

11 Der englische Renaissance-Mensch verstand und erlebte die Welt als eine durch die Schöpfung begründete universale, hierarchisch geordnete Ganzheit. Diese Ganzheit war jedoch erschüttert (Sündenfall des Menschen). Die daraus resultierenden Brüche und Erschütterungen spiegelten sich im einzelnen Menschen wider. Dennoch bestimmte ein verwegener Aufbruchsoptimismus das Handeln eines ganzen Zeitalters, mit dem das mittelalterliche Denken endgültig überwunden wurde.

Sonderstellung ein. Huxley wurde bereits in der Kindheit mit seinem Werk vertraut gemacht. Seine Liebe zu Shakespeare und sein tiefes Eindringen in den kaum ausmessbaren Kosmos des Dichters drückt sich am eindringlichsten in der Tatsache aus, dass er noch auf dem Sterbebett den Essay *Shakespeare und die Religion* verfasste. Mit diesem Essay schloss Huxley seine Gedanken- und Lebenskreise. Shakespeare war für ihn kein Mann der religiösen Dogmen, dennoch hat er die Religion(en) zu einem Hauptthema in seinem Werk gemacht. Huxley sah uns alle auf dem Wege zu einer „existential religion of mysticism"[12], an dessen Anfang William Shakespeare und viele seiner Helden standen. In *Brave New World* stößt der Leser auf zahlreiche Shakespeare-Zitate, die Huxley dem Helden des Romans, John the Savage, in den Mund legt. (⇒ **2.7**)

Auch Huxleys Verhältnis zur literarischen Utopie kann hier nur gestreift werden. Sein Roman *Brave New World* setzte einen Schlusspunkt unter die Entwicklung eines Genres, das über Jahrhunderte aus England bedeutende Beiträge erfahren hatte. Der Engländer Thomas Morus schrieb mit *Utopia* (1516) den ersten utopischen Staatsroman. Ihm folgte Francis Bacons *Neu-Atlantis* (1624), ein Staatsroman, der das Ideal eines Staatswesens beschreibt. Diese frühen Utopien können nicht als populäre Unterhaltungsliteratur verstanden werden. Einen solchen Charakter nahmen erst Daniel Defoes *Robinson Crusoe* (1719) und Jonathan Swifts politische Satire *Gullivers Travels* (1726) an, die für Huxleys Roman *Brave New World* ein Vorbild abgab. Gegen Mitte des 19. Jahrhunderts vollzog sich im utopischen Staatsroman des englischen Sprachraums eine Wende. Er operierte mit einem „immer höheren Realitätskoef-

12 *Shakespeare and Religion* zitiert aus dem Internet. Dieser Essay erschien erstmals im „Show Magazine" (1964). – Auch: Julian Huxley (Hg.): *Aldous Huxley zum Gedächtnis.* München 1969 (Piper)

fizienten"[13], bedingt durch raumgreifende Industrialisierung und den damit einhergehenden gesellschaftlichen Wandel. Eine Art pragmatischer Utopie herrschte vor mit Titeln wie R. Pembertons *The Happy Colony* (1854), E. Bulwer-Lyttons *The Coming Race* (1871) oder E. Carpenters *The Promised Land* (1875). – Die moderne politische und sozialkritische Utopie entstand gegen Ende des 19. Jahrhunderts vor dem Hintergrund der sich rasant verschiebenden machtpolitischen Verhältnisse in Europa. In *The New Utopia* (1891) sah J. K. Jerome die Gefahren der Entmenschlichung durch Missbrauch von Technik und Politik voraus. Herbert G. Wells (1866–1946) beherrschte dann uneingeschränkt die literarische Utopie um die Jahrhundertwende und führte sie mit Büchern wie *The Time Machine* (1895), *The War of the Worlds* (1897), *When the Sleeper Wakes* (1899) in ein neues Zeitalter. Wells optimistischer Blick auf die Errungenschaften moderner Technik und Zivilisation wurde für Autoren wie Huxley (und später Orwell) zur Herausforderung. In ihren Dystopien distanzierten sie sich von Wells unbedenklicher Fortschrittsgläubigkeit. – Zu einem direkten Vorbild für Aldous Huxley wurde jedoch der 1920 entstandene utopische Roman *My* (Übers.: *Wir*) des Russen Evgenij I. Zamjatin (1884–1937), der die negativen Auswirkungen einer totalitären Gesellschaft zeigt, in der alles bis ins letzte Detail geregelt und normiert ist.

13 Wolfgang Biesterfeld: *Die literarische Utopie*, S. 54

1.3 *Schöne neue Welt* im Schaffenskontext Aldous Huxleys

Für Aldous Huxley bildete die „letzte Realität des mystischen Erlebens"[14] Ziel und Endpunkt seines Denkens und Lebens. Er wollte den letzten Dingen auf den Grund gehen, die Welt und das Leben verstehen in ihren logischen wie auch mystischen Zusammenhängen. Huxleys Fragen und Denken schlug sich in vielen Büchern nieder, in Erzählungen und Romanen, Essays und Übersetzungen, Kommentaren zu Fragen kirchlicher Moral und kirchlichen Enzykliken. Huxley wich keinem Thema aus. Sein literarisches Werk entwickelte sich systematisch in drei deutlich voneinander abzugrenzenden Schritten: Es zeigt eine Phase der Desillusion (20er Jahre), die eines Zynismus im darauf folgenden Jahrzehnt und schließlich die des tiefen Fragens etwa von 1940 an bis zu seinem Lebensende.[15]
Bereits sein erster Roman, der ironisch-geistreiche *Crome Yellow* (1921), eroberte das Publikum. Richtiggehend bekannt und anerkannt wurde er jedoch erst durch seinen in formaler Hinsicht sehr anspruchsvollen Roman *Point Counter Point* (1928). Eine Hinwendung zu meditativ-religiösen Fragestellungen war erstmals in der Essaysammlung *Do what you will* (1929) wahrzunehmen. Fortan wurde für Huxley die Rückbesinnung auf das Lebensgefühl der griechischen Antike, auf die Untrennbarkeit von Geist und Körper, bedeutsam. Die Suche nach dem Göttlichen in den Lebenserscheinungen trat mehr und mehr in den Vordergrund. Dieser Weg führt umweglos zu ***Brave New World*** (1932). Der utopische Roman wurde sein populärster, nach Meinung der Kritik aber keineswegs sein bester. (⇒ **2.7**) Huxley überwand darin die Phase seines ironi-

14 Robert Lucas, S. 313
15 Paul Gannon: *A Critical Guide*, S. 29

schen Skeptizimus endgültig. Der stellenweise handlungsintensive und spannende Roman war für den Autor aber kaum mehr als ein Vehikel für die Diskussion von Fragen, die ihm auf der Seele brannten. Zweifellos lehnte Huxley die Perversionen einer sich verselbstständigten Technologie ab, die sich in den modernen Massenproduktionsgesellschaften deutlich abzeichneten. Dennoch war er von den Möglichkeiten fasziniert, mit den Mitteln der Naturwissenschaften lenkend sowohl in die organisch-natürliche Lebensentwicklung als auch in Gesellschaftsplanung einzugreifen. Den Untergang jeder Individualität fürchtend, ergriff Huxley als Humanist jedoch Partei für die Geschichte und Kultur der Menschheit. Die Macht- und Propagandakonzentration in den totalitären Systemen von Hitler, Mussolini und Stalin beunruhigte ihn dabei aufs Äußerste. Isoliert betrachtet, wäre Huxleys Roman *Brave New World* nicht mehr als ein satirischer Angriff auf eine seelenlos gemachte Welt von Morgen. Der Roman steht jedoch am Anfang von Huxleys Suche, sich und die Welt in eine harmonische Übereinstimmung zu bringen. Das führte ihn notwendigerweise auch zu einer Auseinandersetzung mit dem Mystizismus. Sie beherrschte bereits seinen nächsten, in vielen Zügen autobiografischen Roman *Eyeless in Gaza* (1936). Wie Huxley selbst macht dort sein Held Anthony Beavis einen Wandlungsprozess durch, an dessen Ende er in fernöstlichem Gedankengut sein inneres Gleichgewicht findet. Auf der Suche nach neuen Einsichten schrieb Huxley wenige Jahre später in Kalifornien den Roman *After Many a Summer Dies the Swan* (1939), in dem er die These fortentwickelte, der Mensch müsse sich zuerst von seinen egoistischen Bedürfnissen befreien, um zu einer neuen Einheit mit dem Göttlichen zu gelangen. In zunehmend stärkerem Maße beherrschte die

Sehnsucht und Suche nach der Mitte des Lebens

Mystik sein Denken und Forschen, das auf die Vereinigung von Wissenschaft und Glaube konzentriert war. Zu einem vorläufig bündigen Fazit seiner Erkenntnisse gelangte er mit dem Essayband *The Perrennial Philosophy* (1945). In dem Kurzroman *Ape and Essence* (1948) variierte er mit den Augen des Historikers Themen aus *Brave New World*, im Roman *Island* (1961) noch einmal „in der doppelten Eigenschaft des Sozialplaners und vedantischen Philosophen."[16] Die dort gestaltete Zukunftsgemeinschaft von ‚Alphas' lebt – dem Mystizismus hingegeben – friedlich und endlich auch beheimatet in „Pala", dem vollkommenen Paradies. –

Je mehr sich Huxley in die „Wahrnehmung des Göttlichen"[17] vertiefte, desto empfänglicher wurde er für Opiate, mit denen er seine spirituellen Kräfte und Möglichkeiten erweiterte. Seine Erfahrungen hatte er in dem Buch *The Doors of Perception* (bereits 1954) niedergelegt, in dem er u. a. schrieb:

Zwischenwelten: Religion und Rauschmittel

> *„... Eine halbe Stunde, nachdem ich das Meskalin genommen hatte, wurde ich mir eines langsamen Reigens goldener Lichter bewusst. Ein wenig später zeigten sich prächtige rote Flächen, und sie schwollen an und dehnten sich aus, wurden von hellen Energieknoten gespeist, die sich ständig veränderten, und dabei stets neue, vibrierende Muster bildeten (...) Ich sah keine Landschaften, keine riesigen Weiten, kein zauberhaftes Wachsen und Sichverändern von Gebäuden, nichts, was im Entferntesten einem Drama oder einer Parabel glich. Die andere Welt, zu der das Meskalin mir Zutritt gewährte, war nicht die Welt der Visionen (...) Die große Veränderung vollzog sich im Bereich objektiver Tatsachen."*[18]

---

16 Jerome Meckler: *Utopie im Kontrapunkt*, S. 154
17 Theo Schumacher, S. 94
18 Aldous Huxley: *Die Pforten der Wahrnehmung*, S. 14

Huxleys Selbstexperimente hatten Wissenschaftscharakter. Dabei vertraute er der mexikanischen Kaktus-Droge offenbar mehr als dem „Soma", das Geist und Körper der Bewohner in der schönen neuen Welt ausgehöhlt hatte.
„The universe ist vast, beautiful, and appalling."[19] – Diese Aussage Huxleys hält P. Gannon geradezu für einen Schlüsselhinweis zum Werkverständnis des Autors. Das Universum hat lichte und dunkle Seiten. Der Mensch als ein Abbild dieser ‚zweigeteilten Einheit' hat mit dieser Gespaltenheit zu leben. Ohne Zweifel zählte Huxley zu den Schriftstellern, die kaum Brüche zwischen dem eigenen Leben und Schreiben zuließen. Er schrieb, was er lebte. So ist jede Figur seiner Romane ein Stück von ihm selbst. Da er den Konflikt zwischen Körper und Geist mannigfach an sich selbst erfuhr, kehrte er in seinen Büchern als ein omnipräsentes Thema wieder. Von *Crome Yellow* bis *Eyeless in Gaza* lässt sich in seinen Romanen daher ein Weg mit klar markierten Stationen des Kampfes zwischen „body" und „spirit" verfolgen. In *Brave New World* ist dieser Kampf noch keineswegs entschieden.

19 Paul Gannon, S. 11

Die deutschen Titel der erwähnten Hauptwerke Huxleys lauten:

Eine Gesellschaft auf dem Lande. München: dtv, 1981 (Crome Yellow)
Narrenreigen. München: Piper, 1983 (Antic Hay)
Kontrapunkt des Lebens. München: dtv, 1976 (Point Counter Point)
Geblendet in Gaza. München: Piper, 1987 (Eyeless in Gaza)
Nach vielen Sommern. München: Piper, 1986 (After Many a Summer)
Affe und Wesen. München: Kindler, 1964 (Ape and Essence)
Die Pforten der Wahrnehmung. München: Piper, 1981 (The Doors of Perception)
Eiland. München: Piper, 1973 (Island)

2. Textanalyse und -interpretation

2.1 Entstehung und Aufnahme des Romans

Aldous Huxley schrieb *Brave New World* in der unglaublich kurzen Zeit von nur knapp fünf Monaten. Die Huxleys lebten damals (mit Unterbrechungen von 1928–1936) in dem malerischen südfranzösischen Städtchen Sanary-sur-Mer, in das es viele Künstler zog. Bald wurde ihr Haus zu einem beliebten Treffpunkt, auch für Literaten aus Deutschland, die dem sich abzeichnenden Nazi-Unheil entgehen wollten.[20]

Brave New World – ein gesellschaftskritischer und polit-satirischer Roman

Es darf angenommen werden, dass der Roman gedanklich bereits während seines USA-Aufenthaltes 1926 in Huxley gereift ist, ehe er niedergeschrieben wurde. Die Welt, die Huxley dort antraf, war eine andere als die europäische. Es war eine Welt des Gigantismus und einer auf hemmungslosen Konsum ausgerichteten Wohlstandsgesellschaft, deren Zusammenbruch allerdings kurz bevorstand.[21] Die unter **1.3** erwähnten Zeitereignisse (Mussolinis und Hitlers Faschismus) haben seinen Elan zweifellos beflügelt. Huxley nahm aus enger Berührung mit deutschen Exil-Schriftstellern genau wahr, wohin der Nazi-Totalitarismus führen würde.[22] Der Tod von D. H. Lawrence ist mit ebenso großer Wahrscheinlichkeit ein mächtiger Antrieb für ihn ge-

---

20 Für viele deutsche Maler und Schriftsteller war Südfrankreich das Ziel ihrer Sehnsüchte, um sich dort im südlichen Licht und Lebensflair ganz ihrer Kunst zu widmen. Mit Hitlers Machtergreifung änderte sich das Bild. Die Provence wurde zu einem Ort der Zuflucht und Sanary-sur-Mer zu einem „Sinnbild der Verlorenheit“ (Manfred Flügge: *Wider Willen im Paradies*, Einbandrückseite).

21 Unter der *Great Depression* (Große Depression) werden die Jahre zwischen 1929–1939 der amerikanischen Geschichte zusammengefasst, als die Weltwirtschaftskrise die USA in eine Katastrophe stürzte.

22 Manfred Flügge, S. 38

wesen. Einige Szenen des Romans deuten darauf hin. – Überdies war Huxley für seine unbeirrbare Arbeitsdisziplin bekannt. Dazu schreibt seine Biografin Sybille Bedford:

> *„Nach dem Frühstück (...) zog sich Aldous in sein Zimmer zurück, wo er bis ungefähr 13 Uhr an seiner Reiseschreibmaschine arbeitete (...) Im Durchschnitt schrieb Huxley täglich an die fünfhundert Wörter, vieles musste er umarbeiten. Er erledigte sein Pensum mit der größten Regelmäßigkeit, auch sonntags."* [23]

Als der Roman 1932 in London erschien, fand er ein sehr geteiltes Echo. Nicht alle Kritiker glaubten, dass es Huxley mit der von ihm romanhaft verarbeiteten Thematik ernst war. Politische und prophetische Hellsicht mochten sie ihm schon gar nicht zutrauen. Für jemanden, der nicht genau hinsah, war es schwierig, Huxleys rasch wechselnden geistigen Interessen und Schwerpunkten zu folgen: „He adopted and rejected ideas with an alarming rapidity; he was constantly modifying his position, and his reviewers, especially, had a hard time keeping pace with his changing attitudes."[24] Dabei war der Kurs, dem er folgte, auf eine klare Mitte seiner Existenz gelenkt. (⇒ **1.2; 1.3**) Auch in den USA stieß der Roman teilweise auf Unverständnis. Die zunächst zögerliche Aufnahme hat aber nicht verhindern können, dass *Brave New World* seit nunmehr ziemlich genau 70 Jahren überall in der Welt mit wachsender Begeisterung gelesen wird. Er ist rund um den Erdball ein Bestseller, und ein „Longseller" dazu.[25]

---

23 Sybille Bedford zitiert in Theo Schumacher, S. 44
24 Peter Bowering zitiert in Reiner Poppe, S. 44
25 Vgl. Theo Schumacher, S. 59 – Auf weitere rezeptions- und wirkungsgeschichtliche Aspekte gehe ich weiter unten ein. (⇒ 4.)

2.2 Inhaltsangabe

Huxleys *Schöne neue Welt* ist im fantastischen Jahr 632 n. Ford angesiedelt. Die Menschen einer zivilisierten Welt sind glücklich; sie können nicht anders, denn ihr Glück ist normiert. Menschenkasten (Alphas, Betas, Gammas, Deltas und Epsilons) werden in Laboratorien produziert und typisiert. Sie stehen für graduell abgestufte Aufgaben und Dienstleistungen zur Verfügung. Glück gilt als das höchste Gut. Es wird durch eine Glücksdroge (Soma) jedem ermöglicht. An der Spitze dieser Gesellschaft steht einer von insgesamt zehn Weltaufsichtsräten (WAR). Unter ihm trägt der Direktor der „Brut- und Normenzentrale Dahlem" (BUND) die Verantwortung für einen reibungslosen Ablauf der Produktion und ihrer zweckgerichteten Verwertbarkeit.
Das Wohl der Gesellschaft ruht auf drei Säulen: der wirtschaftlichen Prosperität, des Gemeinwohldenkens und strengster Wissenschaftsgläubigkeit. Es gibt keinen bewusstseinsmäßigen Fortschritt. Jede Individualität ist ausgemerzt worden. Enge soziale Bindungen (Beziehungen, Familien) können nicht entstehen. Mittels Drogen und Massenstimulierung werden die Bedürfnisse aller in gleichem Umfang reguliert.
Die Hauptpersonen des Romans sind Mustapha Mond (WAR), Tomakin (BUND), Henry Foster, Bernard Marx, Helmholtz-Watson, Lenina Crowne, Linda und ihr Sohn John („the savage"). Die zu Grunde gelegte deutsche Übersetzung ersetzt einzelne dieser Namen, deren hintergründiger Anspielungsreichtum weiter unten erklärt wird (⇒ **2.5**; **2.6**): Mustapha Mond = Mustapha Mannesmann (!); Foster = Päppler; Bernard = Sigmund; Lina = Filine; John = Michel. Auch der Hauptschauplatz des Geschehens wird von London nach

Berlin verlegt. Die Begründung des Übersetzers Herberth H. Herlitschka mag einsichtig sein.[26] Mir scheint jedoch, dass dadurch viel Atmosphärisches verloren gegangen ist.

(**1**) Eine Studentengruppe besichtigt die „Brut- und Normenzentrale Berlin-Dahlem" im Jahre 632 n. Ford. Der Direktor, BUND, erläutert ihnen einzelne Verfahren und den Zweck derselben: Befruchtungsraum, Brutöfen, Füllsaal, Organ-Magazine, Embryonendepot, Entkorkungszimmer, Hitze- und Kältetunnels. Die Philosophie des Staates, dessen Herzstück der BUND mit Stolz vorführt, ist auf drei Leitbegriffe ausgerichtet: „Gemeinschaftlichkeit" – „Einheitlichkeit" – „Beständigkeit" (20). Die Besucher sind beeindruckt.

(**2**) Die Voraussetzungen dafür, dass diese Leitsätze bestehen können, werden absolut doktrinär und rücksichtslos geschaffen. Die beiden wesentlichen Grundlagen dafür sind die biochemische Fließbanderzeugung der Menschen, die den Staat bevölkern, und ihre Prädestination als Kasten-Angehörige (Alphas bis Epsilons). Die Schulung zur selbstverständlichen Akzeptanz der zugewiesenen Rolle in der Gemeinschaft erfolgt in den „Neo-Pawlowschen Normungssälen" (35). Gewöhnungsprozesse zur absoluten Anpassung und Identifikation schon der Säuglinge und Kleinkinder finden dort mit verschiedenen Methoden statt. Farb- und Schreckimpulse gehören zum gröberen Repertoire. Das Auslöschen traditioneller Werte vollzieht sich subtiler. Feindbilder werden aufgebaut (Blume, Buch); jede Freude wird bereits im Ansatz zerstört; alte Sprachen und Geschichte haben keine Bedeutung mehr; die Literaturerziehung ist abgeschafft; mittels hypnopädischer In-

26 Herberth Herlitschka ist der maßgebliche deutsche Übersetzer der Bücher Aldous Huxleys. Vgl. die von ihm gegebene Begründung in *Schöne neue Welt*, S. 5

filtration – zigmal wiederholten Einflüsterungen – wird bei den Kleinkindern Geschlechts- und Klassenbewusstsein erzeugt (40).

(**3**) Erstmals tritt der mächtige WAR auf. Während die Studenten dem Sexualspiel von Kleinkindern zusehen, die „tief und ernst und in aufmerksamer Versunkenheit von Wissenschaftlern" (45 f.) bei der Sache sind, vertieft der Weltstaatenlenker die Eindrücke durch mit erhobenem Zeigefinger vorgetragene Belehrungen: „Glückliche Jugend (...), keine Mühe wurde gescheut, um euch euer Gefühlsleben leicht zu machen, euch, soweit es geht, vor Gefühlen überhaupt zu bewahren." (57) – Parallel dazu werden wir mit einem anderen Wirklichkeitsausschnitt konfrontiert: Mit Leninas eigenwilligen Auffassungen über die Liebe (53) und mit dem unter seiner partiellen Unvollkommenheit leidenden Sigmund. Über ihn wird gesprochen, und er erfährt wenig Schmeichelhaftes über sich (60). Er ist ein etwas verunglückter Alpha, dem es nicht gelungen ist, das System von seiner Nützlichkeit zu überzeugen. Dennoch empfindet Lenina mehr als nur Sympathie für ihn.

(**4**) Auf dem Weg zu seinem Freund Helmholtz trifft Sigmund die junge Lenina, die ihrerseits mit dem Assistenten des BUND, Henry Päppler, zum Golfspiel verabredet ist. Lenina möchte, dass Sigmund sie auf einem Ausflug in ein Indianer-Reservat nach Neu-Mexiko begleitet (70 f.). Sigmund ist irritiert, mit sich und der ganzen Situation unzufrieden. Er missgönnt anderen ihr Glück nicht, aber er fühlt sich schuldig und minderwertig, dass er diese einfachen Gefühle nicht hat. Helmholtz, Lektor am Schriftstellerseminar der „Hochschule für Emotionstechnik" (77), kann Sigmund nicht aufrichten. Er bedauert ihn, schämt sich aber auch für ihn.

(**5**) Lenina und Henry P. amüsieren sich auf dem Golfplatz und beschließen den Tag nach dem Besuch in einem neu eröffneten Café bei Henry. Die junge Frau hat einige Probleme mit den wieder und wieder eingehämmerten Phrasen des Systems. Sie macht sich Gedanken über den Tod und die Tatsache, dass von jeder erwachsenen Leiche mehr als viereinhalb Kilo Phosphorpentoxyd als Düngemittel in Gartenbaubetrieben wiederverwendet werden können (84). Mit einer Dosis Soma befreit sie sich von den lästigen Zweifeln und unguten Gefühlen. – Sigmund ist zum „Eintrachtfest" gegangen, das tournusmäßig jeden zweiten Donnerstag stattfindet (88). Er wird nach der Einnahme von Soma im psychedelischen Rausch mitgerissen. Doch er ist nicht wirklich dabei. Das Erleben macht ihm bewusst, wie weit außerhalb der Gemeinschaft er wirklich steht (95).

(**6**) Lenina erinnert sich an ihren ersten Ausflug mit Sigmund. Sie hatte ihn damals nicht verstehen können, als er gesagt hatte: „Wie kommt es, dass ich nicht kann, oder vielmehr (...) warum ich nicht kann –: Wie wäre es, wenn ich könnte, wie ich wollte; wenn ich frei wäre, nicht mehr Sklave meiner Normung." (100) Auf der anderen Seite ist sie gern mit ihm zusammen und freut sich auf den einwöchigen Ausflug. – Der BUND stellt ihnen die Reisegenehmigung aus. Dabei erinnert BUND sich an seine eigene Vergangenheit: Auf einer Reise nach Neu-Mexiko in Begleitung einer hübschen Beta-minus hatte es einen Unfall gegeben. Er musste die Frau zurücklassen und hat sie nie wieder gesehen. Der BUND beeilt sich zu versichern, dass damals alles „vollkommen gesund und normal" verlaufen sei, „ohne tiefere Gefühle" (105), die das System in den ‚zwischenmenschlichen' Beziehungen nicht erlaubt.

NEW MEXICO AREA

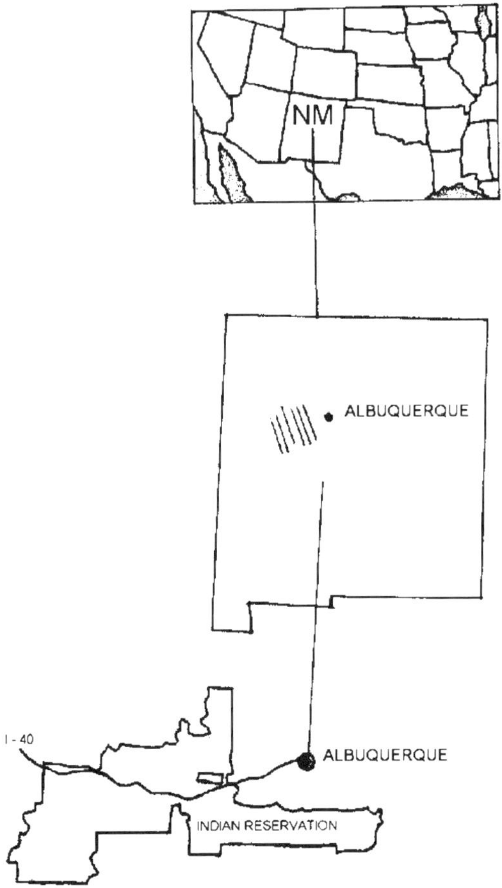

Sigmund seinerseits wird eindringlich an seine Alpha-Pflichten erinnert (106). Als er den Raum verlässt, fühlt er sich „erhoben von dem berauschenden Bewusstsein seiner individuellen Bedeutung" (106) und ist entschlossen, dem System den Kampf anzusagen. – Die Besucher treffen in dem Reservat ein. Sie werden über einige Besonderheiten informiert. Aus Berlin erhält Sigmund schlechte Nachrichten: Der BUND will ihn relegieren und ins Exil schicken (111). Lenina hilft ihm mit einigen Soma-Tabletten über den Schlag hinweg.

(**7**) Die junge Frau ist entsetzt über die Zustände im Reservat. Auf Schritt und Tritt begegnen ihr Alter, Schmutz und körperliche Gebrechen. Lenina und Sigmund wohnen einem indianischen Ritual-Tanz bei. Dazu hören sie Trommeln und einen Singsang, der für sie Ähnlichkeit mit der „Vereinigungssingerei der unteren Kasten" (119) in ihrer schönen neuen Welt hat. Schlangen werden in die Mitte des Kreises geworfen. Der Höhepunkt des Rituals ist das Auspeitschen eines jungen Mannes bis zu seinem Zusammenbruch. Lenina ist angewidert und erschrocken. – Unvermittelt erscheint ein junger Weißer, der indianisch gekleidet ist. Es ist Michel. Er erklärt Lenina und Sigmund, dass der Tanz zum „Heil des Pueblo" stattfinde, „damit der Regen fällt und der Mais wächst." (123) Seine Lebensgeschichte ist bizarr: Mit seiner Mutter war er vor Jahren als kleines Kind zu den Indianern gekommen. Er wuchs unter ihnen auf, ohne je wirklich einer von ihnen zu sein. Nicht anders ist es seiner Mutter ergangen. Sie, die „aus dem Jenseits" (123) stamme, war einst mit einem weißen Mann namens Tomakin nach Malpais gekommen. Er hatte sie dort zurückgelassen, nachdem sie bei einem Spaziergang schwer gestürzt war. Filine, eine nun unansehnlich gewordene, unter den Bedingungen des Pueblo heruntergekommene ehemals weiße Frau, die damalige Geliebte des BUND, erzählt unter Tränen über ihr unwürdiges Leben im Reservat und von ihrer Sehnsucht nach der Welt von einst.

(**8**) Sigmund ist abgestoßen und fasziniert. Er will mehr von Michel über sein Aufwachsen im Reservat hören: Filine, so erfährt er, ist die Geliebte vieler Indianer gewesen. Dafür hat sie leiden müssen. Sie wurde als „Hure", er selbst als „Sohn einer Hündin" beschimpft. Michel hat die Regeln und die Lebensgewohnheiten im Reservat verinnerlicht. Aber er lernte auch lesen. Ein Buch war ein „Leitfaden der chemischen und bakteriologischen Normung der Embryos", das Filine aus der alten Welt mitgebracht hatte. Entscheidend ist er jedoch durch Shakespeares Werke geprägt worden, die ihm zufällig in die Hände fielen (136) – Sigmund beschließt, sich den jungen „Wilden" nutzbar zu machen, um durch ihn Anerkennung im Staat des WAR zu erlangen. Er schlägt ihm vor, ihn nach Berlin mitzunehmen. Michel ist beglückt, besonders darüber, dass seine Mutter mitgehen und er selbst in der Nähe Leninas sein darf, die ihn ganz in ihren Bann gezogen hat (143).

(**9**) Der WAR stimmt der Einreise der beiden Reservats-Angehörigen zu. Sigmund regelt die notwendigen Formalitäten.

Zwischenkommentar: Die ‚schöne neue Welt' offenbart sich den Besuchern in einem beeindruckenden Zustand: Sie ist hoch technisiert, (fast) gewaltfrei, auf das Glück aller bedacht und absolut harmonisch. Die gesellschaftlichen Abstufungen zwischen Alphas und Epsilons werden nicht als beeinträchtigend erfahren. Der christliche Glaube ist durch den Glauben an den neuen Gott Ford ersetzt. Für die konditionierten Bewohner der schönen neuen Welt macht das keinen Unterschied. Die Besucher haben keinen Grund zur Kritik. Es scheint alles perfekt zu funktionieren. – Dem aufmerksamen Leser fallen jedoch einige Schwachpunkte im System auf. Die Retorten-Menschen zeigen kleine Mängel. Das eigenwillige Mädchen Pola, das nicht mitspielen will, fällt buchstäblich aus der Rolle. Auch Lenina ist nicht so, wie sie sein sollte. Ihre Gefühlswelt ist ein wenig außerhalb der Norm. Die männlichen Alpha-Größen sind ebenfalls nicht makellos (Sigmund). Ein hoher Funktionär wird von seiner Vergangenheit eingeholt (BUND). Der WAR selbst hat die Werte der alten Welt verinnerlicht. Zwischen Vertretern der alten und der neuen Welt deuten sich auf der Gefühls- und teilweise auf der Bewusstseinsebene Übereinstimmungen an (Sigmund, Lenina, Michel).

(**10**) Das Erscheinen der beiden Reservatsangehörigen löst in der schönen neuen Welt großes Erstaunen aus. Sigmund, der vom BUND öffentlich verunglimpft wird (152 f.), erfährt umgehend seine Genugtuung: Filine gibt sich als die ehemalige Geliebte des Herrn über die Befruchtungs- und Normenkontrolle zu erkennen und identifiziert ihn als Vater ihres Sohnes Michel. Unter dem Gelächter der Anwesenden zieht der BUND sich zurück (155).

(**11**) Filine ist am Ziel ihrer Wünsche. Sie ist wieder in ‚ihrer' Welt und kann sich ganz dem Soma hingeben. Michel lernt die Stadt kennen. Lenina, die sehr angetan von ihm ist, lädt ihn ins Fühlkino ein. Michel ist abgestoßen von dem Film und weist Lenina ab, die mit ihm die Nacht verbringen möchte (172). Für sie ist das etwas Selbstverständliches, Michels Gefühle und Vorstellungen von Romantik und Moral hingegen sind tief verletzt.

(**12**) Enttäuscht zieht er sich zurück und vertieft sich in die Lektüre Shakespeares. Vorübergehend hellt sich seine Stimmung durch die Bekanntschaft mit Helmholtz auf. Beide lieben das geschriebene Wort und werden „sogleich die besten Freunde." (183)

(**13**) Michel erwartet den Besuch Helmholtz'. Stattdessen steht Lenina vor der Tür. Der Gast aus der Reservation ist überrascht und erfreut. Beide sind ineinander verliebt, jeder auf seine Weise. Michel macht ihr einen Heiratsantrag, der sie völlig überfordert (191). Er stößt nur auf ihr Unverständnis und auf ihre genormten Reaktionen, auf ihre ihn abstoßende soma-verstärkte Sinnlichkeit (193). Michel verliert die Kontrolle über sich. In ohnmächtigem Zorn und voller Abscheu wird er handgreiflich. Lenina kann sich ins Badezimmer retten. Durch einen Anruf wird Michel ins Krankenhaus gerufen. Seiner Mutter geht es schlecht.

(**14**) Filine liegt im Sterben. Sie ist dem Soma vollkommen verfallen; es besteht keine Aussicht auf Rettung mehr. Michel ist erschüttert. Das Sterbeereignis lockt zahlreiche Kinder an, die Michel und Filine mit „der erschrockenen, blöden Neugier von Tieren" (201) anglotzen. Michel legt sich mit ihnen und mit der Oberpflegerin an. Sie führt daraufhin die Kinder, die auf das Sterben, auf den „Anblick des Todes" (202) genormt werden sollen, aus dem Zimmer. – Michel verfällt unter Tränen in Erinnerungen an vergangene Zeiten. Noch einmal nähern sich die Kinder dem Bett der (toten) Filine. Diesmal ist Michel wie versteinert; er nimmt ihre Anwesenheit kaum wahr (206).

(**15**) Noch ganz unter dem Eindruck des Todes seiner Mutter greift Michel in die Verteilung von Soma-Rationen an eine Gruppe von Deltas ein. Fluchtartig verlässt der „Hilfssäckelwart", der in seiner Arbeit gehindert wird, den Saal (210). Mit Rufen wie „ich will's euch lehren, ich will euch befreien" (211) schüttet Michel den Inhalt der Soma-Schatullen zum Fenster hinaus. Die Deltas protestieren wütend und gehen gegen ihn vor. Ein Tohuwabohu bricht aus, in das nun auch Sigmund und Helmholtz an der Seite Michels eingreifen. Der hinzugerufenen Polizei gelingt es, die Ordnung mittels „synthetische(r) Aufruhrbeschwichtigung" (212) und „Somadämpfe(n)" (213) wiederherzustellen. Widerstandslos lassen sich Helmholtz, Sigmund und Michel festnehmen.

(**16**) Mustafa M. hat sie in sein Arbeitszimmer führen lassen. Noch einmal erklärt er ihnen die Ziele seines Systems. Es könne nur bestehen, wenn jeder Konflikt ausgeschlossen und alles, was zum Entstehen von Konflikten beitrüge, dauerhaft eliminiert werde. Er will Helmholtz und Sigmund auf eine abgelegene Insel (Falklandinseln) ins Exil schicken, weil sie gegen die bestehenden Normen gehandelt haben. Sigmund ist verzweifelt, Helmholtz trägt die Entscheidung des WAR mit Humor.

(**17**) Nunmehr wendet sich der WAR Michel zu. Alles, was an die alte Welt erinnere, müsse verschwinden, eingeschlossen Gott und die Philosophie. Glückseligkeit werde erst dann erreicht, wenn nichts mehr diesen Frieden störe. – Michel hat diese Maßstäbe nicht verinnerlicht, gar nicht verinnerlichen wollen. Er widerspricht dem WAR und schwört auf die Notwendigkeit von echten Gefühlen für das Fortbestehen jeder Gesellschaft (236).

(**18**) Auch über Michels Schicksal ist entschieden: Er wird nicht mit den beiden Freunden gehen, sondern dazu verurteilt, sich weiterhin in der schönen neuen Welt aufzuhalten. Doch er will sich den Aufenthalt nach seinen Vorstellungen einrichten. Helmholtz, Michel und Sigmund verabschieden sich voneinander. Sie wissen, dass es ein Abschied für immer ist, trotzdem sind „die drei jungen Männer glücklich." (238) – Michel wählt einen verlassenen Leuchtturm irgendwo in Küstennähe zu seiner Einsiedelei. Hier versucht er sein altes Leben wieder aufzunehmen (242). Die Gedanken an Lenina kann er nicht abschütteln. Er geißelt und kasteit sich. Rasch macht die Nachricht von seiner sonderbaren Existenz die Runde (245). Er lockt Schwärme von Touristen an. Die Einsamkeit, die er sucht, wird immer wieder gestört. In seiner Verzweiflung hängt er sich auf.

2.3 Aufbau

Die achtzehn Romankapitel können in zwei Blöcke untergliedert werden. Im ersten Teil wird der Leser mit der schönen neuen Welt bekannt gemacht (Kapitel 1–9). Er lernt neben Orten und Einrichtungen auch einzelne Personen näher kennen und wird mit einer Vielzahl von Themen und Fragestellungen konfrontiert. Bei A. Astrachan werden folgende Themen aufgeführt:

> „*Community, Identity, Freedom versus individual freedom; science as a means of control; the threat of genetic engineering; the misuse of psychological conditioning; the pursuit of happiness carried to an extreme; the cheapening of sexual pleasure; the pursuit of happiness through drugs; the threat of mindless consumption and mindless diversions; the destruction of the family; the denial of death; the oppression of individual differences.*"[27]

Das Geschehen, zunächst noch ohne erkennbare Problemkonstellation, entwickelt sich als eine lockere Folge von Episoden (siehe Übersicht unten). Die Personen fungieren mehr oder weniger als Repräsentanten des Klassen-Systems (⇒ **2.5**).

---

27 Vgl. Anthony Astrachan: *Aldous Huxleys Brave New World*, S. 19 ff. – Ich gehe den einzelnen Stichwörtern nicht systematisch nach. Wohl finden sich viele ähnliche Hinweise in diesem und den nachfolgenden Teilkapiteln unserer Erläuterungen.

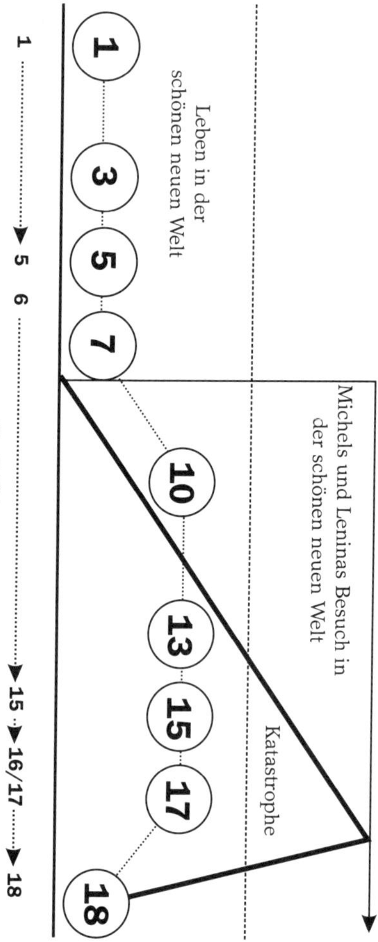
Leben in der schönen neuen Welt
Michels und Leninas Besuch in der schönen neuen Welt
Katastrophe
Kapitelfolge
1
3
5
7
10
13
15
17
18
1
5
6
15
16/17
18

Die vielen Details aus dem Alltag des ungewöhnlichen Staatsgefüges nehmen den Leser sofort gefangen. Sie erzeugen in ihm gegensätzliche Gefühle des Amüsiert- und des Betroffenseins.
Im zweiten Block erfolgt eine differenzierte Auseinandersetzung mit diesen Themen dadurch, dass ein Außenstehender (Michel) in der schönen neuen Welt zu Gast ist und mit wachsendem Befremden auf das von ihm Beobachtete und auf das ihm Widerfahrende reagiert (Kapitel 10–18). In diesen Kapiteln werden die Errungenschaften der schönen neuen Welt in der beständigen Konfrontation mit Vorstellungen und Werten aus der alten Welt in der Person Michels in Frage gestellt. Es kommt zu mehreren Problemkonstellationen mit einzelnen Steigerungsmomenten (Kapitel 10, 13, 15 und 17). Seinen Kulminationspunkt erreicht der Roman im Schlusskapitel (18). In diesem Kapitel vollzieht sich auch der ironisch vorgetragene Zusammenbruch des Helden, mit dem gleichzeitig das in dem Roman gezeigte Gesellschaftsbild seine letzte Entlarvung erfährt, wenn es dieser überhaupt noch bedurft hätte. Je mehr Schwächen sich im Weltstaat offenbaren, desto eindeutiger bezieht man als Leser auch Stellung für Michel und die Werte der alten Welt, freilich nicht ohne ein gewisses Unbehagen darüber, wie „undialektisch das Individuum nur als das schlechthin Andere zur Gesellschaft" in diesem Roman von Huxley begriffen worden ist.[28] Ohne viele Schnörkel folgt Huxley damit dem Bauschema älterer Utopien. Manche der Prophezeiungen aus der schönen neuen Welt klingen durchaus verheißungsvoll (Wohlfahrtsstaat; Segnungen durch den technischen Fortschritt). Sie werden letztlich aber doch konsequent durchbrochen und mit den Mitteln der Satire überwun-

28 Vgl. Hiltrud Gnüg: *Utopie und utopischer Roman*, S. 193. – Die Autorin bezieht sich mit ihrer Aussage auf den Kulturphilosophen Theodor Adorno. (⇒ 2.7)

den. Herbert G. Wells Fortschrittsoptimismus bleibt dabei ebenso auf der Strecke wie die utopischen Träumereien eines David Herbert Lawrence.

„Szenische Aufteilung" des Hauptgeschehens

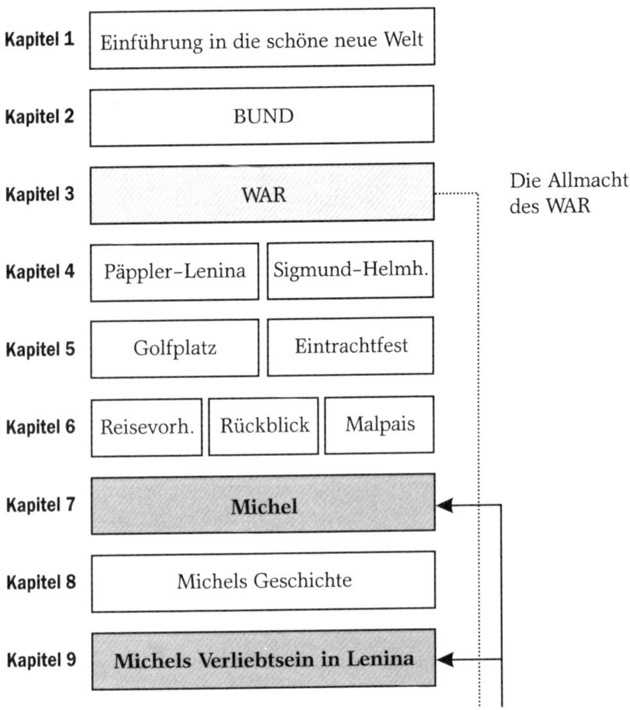

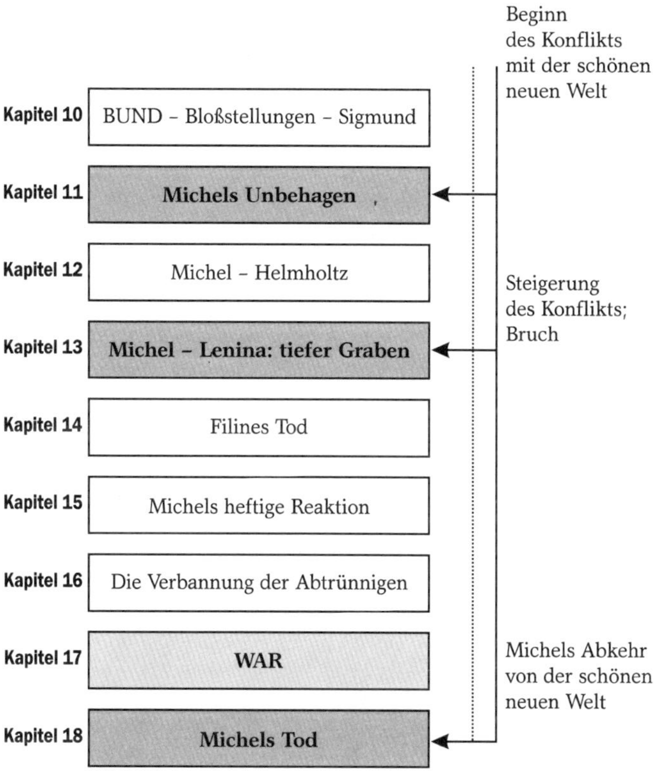
Beginn des Konflikts mit der schönen neuen Welt
Kapitel 10
BUND – Bloßstellungen – Sigmund
Kapitel 11
Michels Unbehagen
Kapitel 12
Michel – Helmholtz
Steigerung des Konflikts; Bruch
Kapitel 13
Michel – Lenina: tiefer Graben
Kapitel 14
Filines Tod
Kapitel 15
Michels heftige Reaktion
Kapitel 16
Die Verbannung der Abtrünnigen
Kapitel 17
WAR
Michels Abkehr von der schönen neuen Welt
Kapitel 18
Michels Tod

2.4 Personenkonstellation und Charakteristiken

Das Figurenensemble in *Brave New World*, so ist wiederholt zu lesen, hat mehr von „cartoon characters" an sich als von entwickelten bzw. sich entwickelnden Romanfiguren.[29] Eher als Transporteure von Ideen und Botschaften oder als gesichtslose Repräsentanten des Systems konzipiert, bleiben die meisten von ihnen gewollt anonym-uniformiert. Sie sind eben Angehörige der Kasten von Alphas bis Epsilons, aus denen nur vereinzelte ‚Köpfe' profiliert herausgearbeitet sind. Einem so überlegenen Autor wie Huxley ist dieser ‚Mangel' nicht einfach unterlaufen. Er ist dem Genre eigen.[30] Die in dem Feld der stark vergröberten Figuren differenziert und voll entfalteten Charaktere sind dann auch gerade diejenigen, an denen sich die Kluft zwischen der alten und neuen Welt am breitesten öffnet: **Mustafa Mannesmann, Sigmund, Helmholtz** und **Michel.** Ihnen können am ehesten **Lenina** und **Filine** zur Seite gestellt werden, doch sie sind als Individuen deutlich weniger ausgeprägt. Ich umreiße zunächst knapp die einzelnen Charaktere, um mich in einem zweiten Schritt Michel als der Zentralfigur des Romans genauer zuzuwenden und ihn in seinen mehrfach gespaltenen Beziehungen zwischen der alten und neuen Welt darzustellen (Lenina – Mustafa – Helmholtz – Filine).

genre-bedingte Schwächen in der Charakterzeichnung

– Bis zum Eintreffen Michels in der neuen Welt führt **Lenina** ein problemloses Leben. Jung und hübsch, hat sie mit fast allen Alpha-Männern geschlafen, etwas vollkommen Natürli-

29 Anthony Astrachan, S. 13
30 Derselbe Vorwurf wurde auch gegen die Hauptpersonen aus Georg Orwells Roman *Nineteen Eighty-Four* erhoben (Winston Smith, Julia und O'Brien).

ches entsprechend den gegebenen Bedingungen ihrer Umwelt. Ein wenig auffällig ist allein die Tatsache, dass sie Einzelbeziehungen stets zu lange aufrecht erhält. Von einer ihrer Mitarbeiterinnen, Stinni Braun, wird sie deshalb ermahnt:

> *„Allen Ernstes: ich glaube, du solltest vorsichtiger sein. Es ist schrecklich ungehörig, so lange mit einem und demselben Mann zu gehn. Als Vierzig-, als Fünfzigjährige ist das vielleicht verzeihlich. Aber in deinem Alter, Lenina! Es gehört sich wirklich nicht. Außerdem weißt du doch, wie sehr der BUND gegen alle hitzigen oder in die Länge gezogenen Affären ist."* (54)

eine nicht ganz gelungene Venus

Komplizierter wird es für sie, als sich Michel in sie verliebt und auch ihre Gefühlswelt dadurch in Unordnung gerät. Der Abstand zwischen ihr und dem jungen Mann aus der Reservation ist jedoch unüberbrückbar groß, denn sie bleibt, was sie ist: Ein genormtes Wesen, das letztlich nur zu oberflächlichen sexuellen Beziehungen und Vergnügungen fähig ist. Dem sie anbetenden Michel kann sie deshalb nur mit Unverständnis begegnen (S. 193). Sein Scheitern an der neuen Welt wird unvermeidbar.[31] Auf diese Problemsituation komme ich weiter unten im Zusammenhang mit der Charakterisierung Michels zurück.

– **Filine** (=Lina) erleidet in der neuen Welt das Schicksal, das auch ihr Sohn erleiden wird: Sie geht unter. Ihr ganzes Leben lang hat sie ihre innere Gespaltenheit und ein Leben zwischen den Welten ertragen müssen. Als einstige Beta-minus-Konditi-

31 „Johns weiblichen Gegenpart zu finden verursachte nicht viel Kopfzerbrechen, da Lenina Crowne (...) nur insofern Individualität aufweist, als sie sich zu heftig und zu lange zu verlieben pflegt. Trotz dieser Rückständigkeit ist die Kluft zwischen der seichten Vergnügungssucht des Mädchens und der unerbittlichen Sittenstrenge des Wilden so hoffnungslos unüberbrückbar, dass das Wechselbad heftiger sexueller Anziehung und Trieb hemmender Abscheu den jungen Mann immer weiter in die Katastrophe treibt." – Theo Schumacher, S. 55

onierte ist sie in der Indianer-Reservation nie angenommen worden. Ihrerseits hat sie es auch nie verstanden, ihr Leben dort sinnerfüllt zu gestalten. Aufgrund der medizinisch-hygienischen Mangelsituation in der Reservation ist sie nach gut zwanzig Jahren äußerlich verkommen:

„Die Tür ging auf. Eine äußerst dicke Squaw trat über die Schwelle (...) Lenina bemerkte angeekelt, dass ihr zwei Vorderzähne fehlten. Und die Farbe der übrig gebliebenen Zähne ... Sie schauderte" (124).

Ihr erstes Erscheinen in der neuen Welt gleicht einer Sensation:

verkommen
zwischen den Welten

„Alles riss den Mund auf; ein Murmeln des Staunens und des Abscheus, ein Mädchen kreischte. (...) Sackig aufgedunsen, ein fremdartiges, erschreckendes Ungetüm des Verfalls unter diesen festen jugendlichen Gestalten mit ihren glatten Gesichtern, wälzte sich Filine in den Saal, lächelte kokett ihr verzerrtes, farbloses Lächeln und wackelte beim Gehn, wie sie glaubte, verführerisch mit den ungeheuren Hüften." (153)

Filine findet keinen Zugang zur schönen neuen Welt mehr. Ihre Rückkehr in ihre frühere Welt wird für sie zu einer „Rückkehr zum Soma" (156). Die Einnahme der Droge schneidet ihr jede Teilnahme am Leben ab. Sie verlässt ihr Zimmer nicht mehr. In einem beständigen halluzinatorischen Glücksrausch geht ihr Leben rasch zu Ende. Ihr Sohn kann sie nicht vor dem Untergang bewahren. Als sie stirbt, ist er an ihrer Seite. Ihr Tod hat nichts Tröstliches an sich:

„Ihre Stimme erstarb plötzlich zu einem kaum hörbaren, atemlosen Krächzen, ihre Kinnlade fiel herab, sie machte eine ver-

zweifelte Anstrengung Luft in die Lungen einzuziehn. Alles schien, als hätte sie das Atmen verlernt. Sie wollte schreien – kein Laut kam über ihre Lippen, und nur das Grauen in ihren starrenden Augen verriet, was sie litt." (204)

In dieser zutiefst menschlichen Begegnungsszene ist die neue Welt vorübergehend ausgeschaltet. Eine Mutter wird von ihrem Sohn betrauert trotz der Missverständnisse, die es selbst in dieser Stunde noch zwischen ihnen gibt. Michel leidet, dass Filine ihn in ihrem Todesdelirium nicht erkennt. Doch er weiß um ihre Gefühle für ihn und schämt sich seiner Tränen nicht. Filine verkörpert als liebende und leidende Frau einen Anachronismus in der schönen neuen Welt, in der es keine wahren Gefühle mehr geben darf.

– Einer der unvollkommensten Repräsentanten der neuen Welt ist **Sigmund (= Bernhard)**. An ihm nagt hart die Tatsache, dass er anders ist, als das System ihn sich wünscht. Er ist unsportlich und neigt zur Eigenbrötlerei. Als ein ‚Alpha' mit Mängeln, kleinwüchsig und unscheinbar, wird er von der Gemeinschaft nicht recht ernst genommen:

„Es heißt, dass sich jemand geirrt hat, als er noch in der Flasche war, ihn für einen Gamma hielt und seinem Blutsurrogat Alkohol zusetzte. Deshalb ist er so zurückgeblieben." (60)

Sigmund scheint aufbegehren, sein Anderssein im Protest gegen das normierte Glück ausleben zu wollen. Er möchte Anerkennung und den Platz gewinnen, der ihm seiner Meinung nach zukommt: „Leidenschaft will ich kennen lernen. Ich will Gefühle in ihrer ganzen Macht." (102) Leider kommt das bei Lenina, der er sich anvertraut, nicht wie gewünscht an. Sie versteht gar nicht, warum er nicht mit dem zufrieden sein

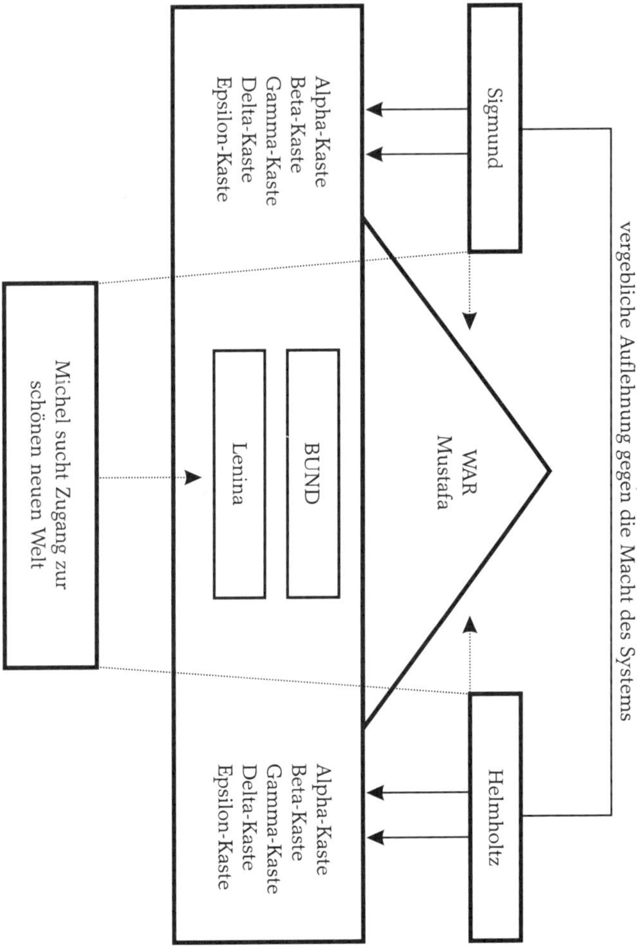
vergebliche Auflehnung gegen die Macht des Systems
Sigmund
Helmholtz
Alpha-Kaste
Beta-Kaste
Gamma-Kaste
Delta-Kaste
Epsilon-Kaste
WAR
Mustafa
BUND
Lenina
Alpha-Kaste
Beta-Kaste
Gamma-Kaste
Delta-Kaste
Epsilon-Kaste
Michel sucht Zugang zur schönen neuen Welt

will, was er doch jederzeit hat und wieder haben kann: das uneingeschränkte Soma-Glück und uneingeschränkte Befriedigung seiner sexuellen Bedürfnisse. Gemäß ihren Gefühls- und Bewusstseinsnormen bleiben ihre Antworten zwar leere Phrasen („Ford der Herr liebte die Kindlein." – 102), aber auch die Worte Sigmunds sind ohne wirkliche intellektuelle oder moralische Substanz. Er wirkt trotzig, kindisch und in seiner Emphase unecht. Eine scheinbare Aufwertung erhält er nach seiner Rückkehr aus dem Reservat, aber nicht um seiner selbst willen und auch nur vorübergehend. Das Gegenteil ist schließlich der Fall. Sein Wunsch, um allen Preis dazuzugehören, wird ins Gegenteil verkehrt. Er muss eine öffentliche Aburteilung über sich ergehen lassen („Verschwörer gegen die Zivilisation" – 152). Mit Michel, den er als Mittel zum Zweck benutzt, verbindet ihn in Wirklichkeit nichts. Sein geringes Selbstwertgefühl wird aber durch die Harmonie zwischen Helmholtz und Michel, die eine kaum mehr zu kontrollierende Eifersucht in ihm weckt, schwer erschüttert:

> „*Wenn er die beiden beobachtete, ihren Gesprächen zuhörte, ertappte er sich manchmal bei dem grollenden Wunsch, sie nie miteinander bekannt gemacht zu haben.*" (183)

Ein Alpha-Männchen ohne Rückgrat

Er ist abermals ‚außen vor'. Sigmunds körperliche und charakterliche Schwäche offenbart sich in der ‚Soma-Schlacht' nach Filines Tod. Er bricht im Getümmel wie ein „armseliges Häuflein" zusammen (212) und ist sogar bereit, seine Freunde im Stich zu lassen, nur um seine Haut zu retten: „Diesen Moment suchte sich Sigmund (...) dazu aus, sich möglichst unauffällig davon zu machen." (213) Unter der gegen ihn ausgesprochenen Verbannung geht er vollends in die Knie, verachtenswert kriecherisch und winselnd: „In einem Krampf von Selbsterniedrigung warf er sich vor Mustafa Mannesmann auf die Knie." (224) Sigmund, den schwächlichen ‚Alpha', bei dem die basalen Unzulänglichkeiten der schönen neuen Welt am deutlichsten hervortreten, können wir als die negative Gegenfigur zu Helmholtz bestimmen.[32]

– Von einem ganz anderen Format ist der einzige wirkliche Renegat des Systems, **Helmholtz**.

Er ist der Super-Alpha schlechthin, der von dem zu viel hat, dessen Sigmund ermangelt: Er ist groß und sportlich, charakterstark und intellektuell unabhängig. Sein Handeln kommt aus einem überlegenen Denken. Obwohl unter den Bedingungen der schönen neuen Welt konditioniert, hinterfragt er klug das System. Wo Sigmund nur Worte macht, die verpuffen, dringt er in seinen Überlegungen zur Substanz der Dinge vor. Helmholtz liebt die Poesie und ist mit schon einigen Veröffentlichungen hervorgetreten. Man hat sie ihm übel genommen (182). Er weiß, dass er sein eigentliches Werk noch nicht geschrieben hat. Mit Michel, dessen Begeisterung für Shakespeare ihn sehr berührt, hat er eine starke empfindungsmäßige Übereinstimmung. Mutig tritt er für ihn ein und nimmt mit Gelassenheit und Humor das Urteil des WAR an: „Ich glaube, man schreibt besser, wenn das Klima schlecht ist. Heftige Winde und Stürme, zum Beispiel ..." (226) Dennoch drückt Huxley dem utopischen Weltstaat WAR auch durch Helmholtz einen Makel auf. Helmholtz ist zu gut und doch nicht gut genug, denn auch er kann nichts bewirken:

Ein liebenswerter Träumer und Poet

32 „Die Gesellschaft von *Brave New World* rettet sich immer noch in die Weltflucht, gerade so wie der bei Huxley typische Charakter stets in seiner eigenen, in sich abgeschlossenen privaten Welt lebt. Durch das Soma kann man nun nahezu beliebig Ferien von der Wirklichkeit nehmen." – Vgl. Jerome Meckier, S. 159

„none of the characters is able to bring about change."[33] Hat der Staat als seine herausragendste Persönlichkeit (unter den Alphas bis Epsilons) nicht mehr hervorgebracht als einen selbstbezogenen, idealistischen Träumer, der sich damit begnügen will, „seine eigenen Gedanken zu denken, seine eigenen Bücher zu schreiben, vielleicht sogar seinen eigenen Gott zu erfinden?"[34] Mit dem WAR rundet sich schließlich der Eindruck, den der Leser von der Gespaltenheit und den Schwächen aller Personen in der schönen neuen Welt gewonnen hat.

– Ist der **WAR** eine positive Gestalt („a good-natured man"[35]) oder auf eine stille, ungeheuer souveräne Weise das genaue Gegenteil („the most dangerous person"[36]) davon? Als Romanfigur ist er plastisch ausgebildet, trotz seines nur gelegentlichen Erscheinens. Wo er auftritt, dominiert er unangefochten die Situation. Mustafa M. ist intelligent, schlagend belesen, in allen Wissenschaftsdisziplinen zu Hause. In jungen Jahren hat er für sich die Wahl getroffen und allmählich höchste Führungsaufgaben übernommen. Darin ist er unangetastet. An der Spitze seiner schönen neuen Welt stehend, ist auch der WAR nicht frei von Mängeln und Verfehlungen. Er hat alle verbotenen Bücher gelesen und ist allzu aufgeschlossen für alte moralische Dimensionen. Ihn hat man nicht ins Exil geschickt, aber dafür hat er Opfer gebracht und muss sie weiterhin bringen: „Ich bezahlte, indem ich mich dem Glück widmete. Dem Glück der anderen, nicht meinem." (226) Das Glück, für das er eintritt, ist das Soma-Glück und das Glück der uneingeschränkten Lustbefriedigung seiner Untertanen. Sie empfinden sich nicht als solche und merken auch nicht,

33 Paul Gannon, S. 35
34 Theo Schumacher, S. 56
35 Paul Gannon, S. 33
36 Anthony Astrachan, S. 15

dass dieser Staat „das Problem der Unausgewogenheit von Geist und Leib" noch „nicht restlos gelöst" hat.[37] Für Mustafa M., der sich gegen jede Individualität entschieden hat, auch gegen die eigene, passen Träumerei und Kunst nicht in das Bild der Zeit. Nur dort, wo die Kunst der Wissenschaft dient, findet sie seine Zustimmung. Der WAR hat die alten Relikte aber nicht endgültig tilgen können (z. B. „T-Zeichen"; Sprach- und Verhaltensrelikte). So ist es nicht verwunderlich, dass er mehr Sympathie für die intellektuellen Widerparts im System (Helmholtz) und für das ihm interessant erscheinende Neue (Michel) empfindet, als es sich bei der höchsten Instanz einer so zweckhaft manipulierten utopischen Gesellschaft vermuten lässt. Im Gespräch mit Michel ist man beeindruckt von seiner eher väterlich anmutenden Autorität (227 ff.). Seine Urteile gegen die Rebellen erscheinen allzu großherzig und ‚menschlich'. Die Widersprüche sind evident. Dennoch darf kein Zweifel bestehen, dass Mustafa M., ähnlich wie George Orwells „Großer Bruder", seine bedeutenden Fähigkeiten für die falschen Zwecke einsetzt: „He uses his moral force and his sanity for the immoral and insane goals of the Utopia."[38]

WAR – ein übermächtiger Weltstaatenlenker

– Trotz der Allmacht des WAR ist **Michel** (=John) die eigentliche Zentralfigur, zugleich die profilierteste Figur des Romans. Er wird im 7. Kapitel eingeführt:

> *„Der junge Mann, der die Terrasse betrat, war indianisch gekleidet, aber sein geflochtenes Haar war strohblond, seine Augen blassgrau und seine Haut die eines Weißen, jedoch tief gebräunt."* (122)

37 Jerome Meckier, S. 158
38 Anthony Astrachan, S. 15

In den Andeutungen des BUND ein Kapitel zuvor wird der Leser auf die Begegnung mit ihm vorbereitet (106). In allen weiteren Kapiteln steht der junge „Wilde" im Mittelpunkt des Geschehens. Mit ihm erscheint der in der utopischen Literatur häufig anzutreffende Fremdling auf der Bildfläche, der die Romanhandlung erst richtig anstößt, indem er in der neuen Umgebung ihn befremdende Entdeckungen macht und damit Konflikte heraufbeschwört.[39] Die schöne neue Welt erreicht er jedoch nicht aus eigenem Antrieb, durch ein Schiffsunglück oder einen sonstigen Zufall, sondern aus berechnetem und fremdbestimmtem Anlass: Er wird quasi dorthin ‚importiert', nachdem Sigmund und Lenina ihn im Pueblo von Malpais entdeckt haben. Damit wird für ihn eine unglückliche Wende seines Lebens eingeleitet. Ohnehin hat Michel bis zu diesem Zeitpunkt konfliktreiche Jahre hinter sich. Als Weißer unter Indianern ist er ohne soziale Anbindung geblieben. Zu seiner Mutter, die sich bald hemmungslos den Männern des Stammes überließ, hat er nicht mehr als eine Hass-Liebe entwickeln können. Von ihrer Seite wurde ihm auch nicht mehr entgegengebracht, denn als unehelicher Sohn, noch dazu eines weißen Vaters, war er für sie eine Schande. Seine gestörte emotionale Bindung zu ihr wurde noch komplizierter durch die Anwesenheit Popés, ihres Hauptliebhabers. Als Vater konnte er ihn nicht anerkennen, dennoch verkörperte Popé eine solche Rolle. Hin- und hergerissen zwischen der Herkunftskultur, die er phänotypisch repräsentierte, und der Indianerkultur, an deren wesentlichen Ritualen er nicht teilhaben durfte, blieb Michel identifikationslos. Seinen ethisch-moralischen Wertekanon bezog er aus Versatzstücken der christlichen Religion und einer Shakespeare-Ausgabe, die Popé irgendwann einmal mitgebracht hatte (136). Die unver-

39 vgl. Theo Schumacher, S. 53

daute Lektüre einiger Shakespeare-Verse verwirrte Michel zunächst vollkommen. Mit sechzehn Jahren etwa hatte er sein Schicksal und seine Zukunft entdeckt: „Allein, ewig allein!" (142)

Als ein seltsamer Zwitter, „a curious mixture"[40], zwischen alter und neuer Welt, trifft er nun mit Sigmund und Lenina zusammen. Dem einen vertraut er, für die andere entwickelt er spontan tiefe Gefühle (148). Erwartungsfroh mit seinem Shakespeare-Band im Gepäck und in Begleitung seiner Mutter Filine betritt er kurz darauf die schöne neue Welt. Hier intensiviert sich überaus rasch seine innere Zerrissenheit. Nach anfänglicher unvoreingenommener Neugier durchschaut Michel das unmenschliche System der neuen Welt glasklar und klammert sich an für ihn unverzichtbare Werte. Sein Unglück ist, dass er sich gefühlsmäßig dabei an drei Menschen verliert, die ihrerseits nicht in der Lage sind, ihn mit sich selbst zu versöhnen. Zwei von ihnen, Sigmund und Helmholtz, werden ins Exil geschickt. Die Welt der dritten Person, Lenina, die ihm alles sein und alles geben könnte, was er sich als Mensch unter Menschen wünscht, bleibt ihm verschlossen wie ihr die seine.

Lenina ist bei der ersten Begegnung schockiert über das, was Michel aus seiner Vergangenheit erzählt. Sie bekundet ernsthaftes Interesse daran, noch mehr gefällt ihr aber zunächst sein Körper: „Lenina lächelte ihn an. Ein äußerst netter Junge, dachte sie, und wirklich schön gebaut." Demgegenüber nimmt Michel den ganzen „Duft ihrer Persönlichkeit" in sich auf und beginnt sie wie eine Heilige zu verehren. Zugleich muss er gegen mächtige Lustgefühle kämpfen. „Er schämte sich seiner", als er sich der Schlafenden nähert und kurz davor ist, sie zu berühren. Durch Lenina und Sigmund erfährt Michel breite Öffentlichkeit, in der sich auch die schöne junge Frau sonnt.

40 Paul Gannon, S. 36

Während sie sich über die Gefühle des Gastes aus der Wildnis ihr gegenüber nicht im Klaren ist, definiert sie aber eindeutig ihre eigenen: „Denn weißt du, Stinni, er gefällt mir nämlich." (168) Bei der ersten Bewährungsprobe im Fühlkino (170 f.) wird ganz offenkundig, wie wenig ihre Gefühlswelten zueinander passen. Michel will seine reinen Gefühle für Lenina bewahren und das Idealbild, das er sich von ihr als Frau gemacht hat, nicht zerstören. In Lenina stimuliert der Film lediglich sexuelle Lust. Diese Erfahrung hinterlässt Spuren bei Michel, aber auch bei Lenina. Sie gerät vollkommen aus dem Gleichgewicht, als er am kommenden Tag zu einer öffentlichen Veranstaltung, bei der er im Mittelpunkt stehen soll, nicht erscheint:

> *„Lenina fühlte sich plötzlich allen Empfindungen ausgeliefert, die man sonst nur am Anfang einer Behandlung mit TLE erlebte: grauenhafter Leere, atemberaubendem Vorgefühl, Seekrankheit. Ihr Herzschlag setzte aus. ‚Vielleicht, weil er mich nicht mag', sagte sie sich, und sogleich wurde diese Vermutung zu unumstößlicher Gewissheit: Michel kam nicht, weil er sie nicht mochte. Weil er sie nicht mochte ..."* (175)

Michel gewinnt in der Lektüre Shakespeares und durch seine Begegnungen mit Helmholtz vorübergehend Abstand zu Lenina. In einer dramatischen Begegnungsszene wenige Tage später bricht die Beziehung in sich zusammen. Lenina will mit Michel Sex haben; sie ist schier krank vor Gier danach. Er aber möchte ihr aus Liebe die ganze Welt zu Füßen legen. Das Missverständnis wird vollkommen, als er ihr einen Heiratsantrag macht und Lenina ihm dafür ihren Körper bietet. – Der Tod seiner Mutter zerstört die letzte Brücke zur Vergangenheit. Michel ist nunmehr ganz allein. Seine Gefühle und Gedanken verwirren sich nunmehr gänzlich zwischen den Welten. Im Gespräch mit dem WAR gerät er an seine Grenzen. Er kommt darin sich selbst auch wieder ganz nahe:

Shakespeare-Freak und Staats-Rebell

> *„Ich brauche keine Bequemlichkeiten. Ich will Gott, ich will Poesie, ich will wirkliche Gefahren und Freiheit und Tugend. Ich will Sünde." Er wird in das von ihm proklamierte Menschsein ebenso nachsichtig wie zynisch entlassen: „Wohl bekomm's!"* (236)

Die Einsamkeit, die er sucht, wird nun für ihn zum letzten Alptraum. Zwar versucht er noch einmal in den Reinigungsritualen seine sinnliche Lust zu überwinden und sich damit einen von ihm selbst als werthaltig anerkannten Daseinsbezug zu schaffen (242). Als jedoch Lenina mit dem Mob sensationslüsterner Touristen auftaucht, zerspringt er förmlich im Widerstreit seiner Gefühle für sie und die alte Welt. Er kann sich für keine von beiden entscheiden und zwischen beiden auch keine Balance herstellen.[41] Der für ihn logische Ausweg ist der Selbstmord (253).

41 vgl. Wolfgang Biesterfeld, S. 59

2.5 Sachliche und sprachliche Erläuterungen

Der Roman quillt über von philosophischen und wissenschaftlichen Fachausdrücken, die sein Autor mit zahlreichen erfundenen Namen noch angereichert hat. Sie unterstreichen auf beeindruckende Weise Huxleys Kenntnisreichtum über das Leben, sein breites, geradezu universales Wissen und sein unerschöpfliches Interesse an exakter Wissenschaft, insbesondere an der Humanbiologie und Genforschung. In ihrer ironisch-satirischen Verwendung sollen sie den hohen Entwicklungsstand der im Roman dargestellten Gesellschaft bezeugen und gleichzeitig ihre Brüchigkeit unterstreichen. – Die Erläuterungen dieses Teilkapitels bleiben auf wenige zentrale Namen und Begriffe beschränkt.

Aus Huxleys Vorwort zum Roman:

Der Sturm (S. 7) – Späte Romanze von William Shakespeare (⇒ **2.7**)

Utopia (S. 7) –Nichtland; Nirgendland (siehe Biesterfeld, S. 1)

Sabbath (S. 11) – jüdischer Feiertag (Samstag)

Utilitarismus (S. 11) – Lehre von der Zweckgebundenheit des menschlichen Handelns

Marquis de Sade (S. 13) – geistvoller franz. Schriftsteller (1740–1814)

Robespierre (S. 13) – Maximilien Robespierre (1758–1794), franz. Revolutionsführer

Babeuf (S. 13) – Francois Babeuf (1760–1796), Kommunist im Frankreich der „Großen Revolution"

Jesuiten (S. 16) – Anhänger eines 1534 gegründeten Ordens („Gesellschaft Jesu"); hervorragende wissenschaftliche Ausbildung (Rhetorik); geht zurück auf Ignatius von Loyola (1491–1556)

Eugenik (S. 18) – wissenschaftliche Erforschung und methodisch entwickelte Pflege der Erbgesundheit (Nationalsozialismus!)
Hypnopädie (S. 18) – eine von der Wissenschaft wieder entdeckte Schlaflern-Methode
Kasten-System (S. 18) – in sich abgeschlossene gesellschaftliche Gliederung; hierarchisch abgestuft und strengen Normen unterworfen; Angehörige einer K. haben festgelegte Rollen und Funktionen im System.
sexuelle Promiskuität (S. 18) – ungeregelter, „vermischter" Sexualverkehr mit häufig wechselnden Partnern
Motto (S. 24) – Das dem Roman vorangestellte Motto – *„Community" – „Identity" – „Stability"* – wandelt den Wahlspruch der Französischen Revolution ironisch ab (Liberté – Egalité – Fraternité) mit der Betonung des Gemeinsamen, das allerdings lediglich die totale Manipulation meint.
Bokanowskyverfahren (S. 23) – zielt auf das Erreichen totaler menschlicher Identitäten durch
bokanowskisieren (S. 24) – Ei-Spaltung und zyklische Vermehrung.
Prädestinatoren (S. 27) – ‚Vorherbestimmer'; da es in der schönen neuen Welt keinen Gott mehr gibt, haben Funktionäre die ‚Vorherbestimmung' des Lebens übernommen.
Hypophysenhormon (S. 29) – Wachstumshormon, Erneuerungshormon, das in der Hirnanhangdrüse erzeugt wird.
Mombasa (S. 32): Hauptstadt von Kenia; die Welt ist klein geworden.
Ivan Pawlow (1849–1936); Neo-Pawlowsche Normierungssäle (S. 35) – russischer Wissenschaftler, der die Theorie und Praxis des Konditionierens entwarf und ausübte. – Menschliches und tierisches Verhalten wird dabei mit Methoden des

,stimulus and response' getestet und eingeübt. In Huxleys Roman geschieht das bereits mit Babys.
Aufzählungen (S. 49) – Mustafa M. unterstreicht seine Kenntnisse in der Kulturgeschichte der „alten Welt". – *Harappa* – alte Stadt in Pakistan, deren erstaunliche Größe man bei Ausgrabungsarbeiten feststellte.
Vibrovakuum (S. 50) – Wortschöpfung Huxleys: vibrieren und Vakuum = leer, hohl ; vgl.„vacuum cleaner" = Staubsauger
Doktor Wells (S. 52) – Anspielung auf den Namen George H. Wells (⇒**1.2**)
Aufzählungen (S. 61) – Gase, Gifte, Säuren und chemische Kampfstoffe. Im Romankontext sagen sie aus, wie regulierbar der Mensch ist.
Malthusgürtel (S. 64) – „Keuschheitsgürtel" à la *Schöne neue Welt*. – Ironisches, auf die Situation bezogenes Spiel mit dem Namen des englischen Wissenschaftlers Thomas Robert Malthus (1766–1834), Nationalökonom und Bevölkerungspolitiker. Er stellte die These auf, dass die Ressourcen der Erde proportional zum Anwachsen der Erdbevölkerung abnehmen würden.
Soma (S. 68) – Körper, Leib des Menschen; somatisch: den Körper betreffend; eine häufige Erkrankung unserer Zeit ist die der ‚psychosomatischen Störungen'. – Im Roman ist Soma ein Pflanzenextrakt, mit dessen Unterstützung die Menschen des Wohlfahrtstaates auf eine gleiche Gefühls- und Empfindungsstufe gebracht werden können. Wird ihnen die Droge entzogen, treten Entzugserscheinungen auf (vgl. 15. Romankapitel).
Halbkretin (S. 71) – Halbschwachsinniger, der zudem missgebildet ist.
pneumatisch (S. 73) – urspr. Bedeutung von ‚Pneuma': göttlicher Geist, der in jemandem wirkt; hier: Anspielung auf

Leninas Sinnlichkeit
Avus (S. 74) – ehedem berühmte Autorennstrecke in Berlin
Blutsurrogat (S. 76) – künstlicher Blutstoff; Blutersatz
Mokkain (S. 86) – Wortschöpfung Huxleys aus Mokka und Kokain
Ambra (S. 86) – zur Parfümgewinnung verwendete Ausscheidungen des Pottwals
Taxikopter (S. 89) – Wortschöpfung Huxleys aus Taxi und Helikopter (Lufttaxi)
Zoppot (S. 97) – berühmtes Ostseebad bei Danzig (heute: Polen)
Paraphe (S. 103) – Unterschriftskürzel
Kustos (S. 108) – in Museen arbeitende, wissenschaftlich ausgebildcte Kräfte, die u. a. auch Führungen machen.
Aufzählungen (S. 110) – der Kustos macht in seinen Ausführungen auf die unklare Vielfalt des ‚Alten' aufmerksam, in der sich Heidnisches und Christliches bis in die Sprache hinein vermischen.
Malpais (S. 112) – Name der Indianer-Reservation als Kontrast zur „schönen" neuen Welt (mal pais = schlechtes Land)
Aufzählungen (S. 113) – siehe Kartenausschnitt S. 32
Pueblo (S. 113) – Indianervolk; Begriff wird verwendet für ‚Dorf oder Siedlung' mit Häusern, aus Stein, die kastenförmig über- und nebeneinander angeordnet sind.
Fellmokassins (S. 116) – Fußbekleidung vieler Indianer-Völker
Obsidian (S. 116) – schwarzes Gestein vulkanischen Ursprungs (Lavaglas)
Viskose (S. 125) – Zellstofffaser; soll das Modische in der schönen neuen Welt unterstreichen
Abtreibstelle in Sanssouci (S. 126) – ironische Anspielung auf

das in sexuellen Praktiken als liberal angesehene Frankreich des 17. Jahrhunderts. – *Sans souci* heißt „ohne Sorge"; Hinweis auf die Praktiken in der schönen neuen Welt, die auch in diesem Punkt ihren Bewohnern jede Sorge abnimmt. – Bemerkenswert ist, dass es in diesem modernen Staat offenbar eine solche Praxis noch gibt.

Tortilla (S. 129) – Maisfladen; Nahrungsmittel aus Mexiko und aus dem Südwesten der USA

Wörter aus der Indianersprache (S. 134) – Michel flüchtet sich in die Reservatssprache, um sich von der Sprache der neuen Welt abzugrenzen; für ihn hat sie Ähnlichkeit mit der Sprachmagie Shakespeares.

Zippoverall (S. 148) – Wortschöpfung Huxleys aus *zip* (engl. Reißverschluss) und Overall

Arpeggiowellen (S. 168) – rasche und in ihrer Lautstärke auf- und abschwellende Akkordbrechungen (Klavier, Orgel, Synthesizer)

Moribundenklinik (S. 198) – Sterbeklinik

Supervox-Wurlitzer (S. 199) – lautstarkes elektronisches Musikgerät (vox = Stimme, Ton); die Fa. Wurlitzer ist ein bekannter Hersteller von Musikinstrumenten in den USA.

Biarritz (S. 210) – Synonym für Luxus (Stadt in Südfrankreich, Anziehungspunkt für betuchte Touristen aus aller Welt)

Gallertestangen (S. 212) – wassergesättigte, durchsichtige Masse

Gyroskop (S. 219) – Gerät, mit dem die Achsdrehung der Erde gemessen wird

Historische Namensanspielungen:
Valentino Bakunin: Michael Alexandrowitsch Bakunin (1814–1876), russischer Philosoph des Anarchismus. Ausgerechnet ein solcher Namensträger sitzt in der Prominentenreihe eines von A–Z durchorganisierten Wohlfahrtsstaates.

Lenina Crowne: Anspielung auf Lenin (1870–1924), der Russland auf den Weg zu einer kommunistischen Republik brachte. – Bereits ihr Name Crowne weist auf ihre kleinen Unvollkommenheiten hin. Er enthält ein ‚e' zu viel.

Fordlieb Edison: Hier vermischen sich zwei Namen aus der Wissenschaft und der Industrie: Henry Ford (1863–1947), Ahnherr moderner Automobilfertigung, und Thomas Alva Edison (1847–1931), der Erfinder der Glühbirne und vieler anderer Dinge mehr. – Tatsächlich pflegten beide in Ft. Myers (Florida) in enger Nachbarschaft zu überwintern.

Helmholtz-Watson: Wiederum eine der Namen-Verbindungen, an denen Huxley selbst seinen Spaß gehabt haben wird: Beim ersten handelt es sich um den Namen des bekannten deutschen Naturwissenschaftlers Hermann L. von Helmholtz (1821–1894), beim zweiten um den eines englischen Schriftstellers, Sir William Watson (1858–1935). Die in dieser ironischen Verbindung zum Ausdruck kommende Synthese von Kunst und Wissenschaft wird von der Romanfigur nicht erreicht.

Benito Hoover: In dieser Namensverbindung verbergen sich der des italienischen Diktators Benito Mussolini (1883–1945) und des US-Präsidenten Herbert Hoover (1874–1964) aus der Zeit der großen Depression des Landes.

Bernard Marx (in der deutschen Übersetzung Sigmund): In diesem Namen schwingt der des Urvaters des Kommunismus, Karl Marx (1818–1888), beständig mit. – Die Ironie liegt in der unbedeutenden Kleinheit Bernards, der wenig von dem utopischen Idealismus seines großen Namenspatrons erkennen lässt.

Pola Trotzki: Auch hier ein Name aus dem Reich des Bolschewismus nach der Revolution von 1917. Sie: ein kleiner Trotzkopf in der schönen neuen Welt; Leo Dawidowitsch Trotzki (1879–1940) einer der großen Gegenspieler Stalins bis zu seinem gewaltsamen Tod im mexikanischen Exil.

Die Art und Weise, wie Huxley in *Brave New World* mit den Namen spielt, verrät nur verdeckt etwas von seiner wirklichen Besorgnis, die er gegenüber den Ideologieträgern der totalitären Staaten in Europa verspürte (Hitler, Mussolini, Stalin).

2.6 Stil und Sprache

Auch derjenige, der die Bedeutung jedes einzelnen der von Huxley verwendeten Wissenschaftstermini nicht kennt oder keine Lust hat, sie aufzuspüren, wird den Roman mit Vergnügen lesen und sich an den Geschöpfen, den Erfindungen und Wortfantasien des Autors ergötzen können. Trotz der Eingängigkeit des Erzählten wird der Leser aber rasch erkennen, dass Stil und Sprache dieses Romans, der ein umfangreiches Wissen transportiert, erst zum vollen Lesegenuss verhelfen, wenn man Wörter und Wendungen, Anspielungen und textliche Umspielungen des Autors versteht. Um den Roman wirklich bis ins Letzte zu verstehen, müsste man wohl Engländer sein, Engländer des frühen 20. Jahrhunderts, und einer sozialen Schicht angehört haben, die in der Lage war, sich selbst zu feiern und zu ironisieren, der Weltwissen selbstverständlich war und der der witzig-schöpferische Umgang mit der eigenen Sprache zum ebenso Alltäglichen gehörte wie Golfspielen oder das Philosophieren am Kamin. Huxleys Familie zählte zur geistigen Oberschicht Englands. Aldous H. selbst wuchs in diesem Bewusstsein und in dieser Tradition auf. Seine Sprache, auch die im Roman verwendete, ist eine durch und durch gebildete Sprache. Zeitlebens war Huxley auf dem Wege einer Selbst- und Menschheitserkundung letzten Wahrheiten auf der Spur. Durch rege Beschäftigung mit Fragen der Religion und Wissenschaft, Kunst und Philosophie erweiterte er sein in Schule und Studium erworbenes Wissen beständig. So wuchs und veränderte sich auch seine Sprache, die er einmal nüchtern-analytisch, präzise und begriffsscharf, ein anderes Mal fantasievoll und ideenreich, spielerisch und lustvoll einsetzte. Virginia Woolf rühmte seine „scharfe Zunge" und witzigen

Geist", Somerset Maugham sein „fesselndes Erzähltalent und seine Originalität."[42]

poetisch-magische und Wissenschaftssprache

Auch in *Brave New World* wird die Sprache durch zwei Gegenpole bestimmt: Sie ist poetisch-magisch überall dort, wo die Errungenschaften des Wohlfahrtsstaates hinterfragt werden (durch Helmholtz und durch Michel; weniger durch Sigmund). In diesem Zusammenhang gewinnen die Shakespeare-Zitate eine überragende Bedeutung. Wir gehen weiter unten auf sie ein. Dieser Sprachwelt steht die von Huxley ironisierte ‚Vollkommenheit' einer Wissenschaftssprache gegenüber.

Als literarische Utopie präsentiert der Roman im Wesentlichen ein Ideenpotenzial. Es erstreckt sich auf die Darstellung des Faktischen und des Visionär-Prophetischen durch den Autor selbst oder durch das, was seine Figuren zu sagen haben (z. B. Mustafa M.). Das impliziert in weiten Teilen flach gezeichnete Charaktere und einen stark essayistischen Grundton, den die Kritik dem Autor gern und häufig vorhielt. Die vielfältigen Möglichkeiten des Genres hat Aldous Huxley jedoch auf der anderen Seite zu seinem und unserem Vergnügen als Erzähler unverwechselbar erweitert. Der Roman, besonders in der ersten Hälfte, quillt über von witzigen Wortschöpfungen und Situationen, die hier nur angedeutet werden können. So heißt es z. B. im **3. Kapitel** des Romans, dort, wo ein kleines Kind sich nicht am Ritual der Liebesspiele beteiligen will: „Ich führe ihn jetzt zur psychologischen Aufsicht – nachsehen lassen, ob vielleicht irgend etwas Abnormes vorliegt." (46)

Zur unverkennbaren Fabulierlust des Autors treten Sensibilität und Sprachgenauigkeit. Es wäre auf zahlreiche Roman-

42 Somerset Maugham zitiert in Theo Schumacher, S. 135

passagen hinzuweisen, in denen sie sich ebenso harmonisch ergänzen, wie dies durch den nachfolgend zitierten Textausschnitt aus dem **7. Kapitel** des Romans belegt wird:

„... Plötzlich schien die Luft lebendig geworden zu sein und zupulieren, zu pulsieren mit der unermüdlichen Bewegung des Bluts. Droben in Malpais wurden die Trommeln gerührt. Die Schritte der beiden stimmten in den Rhythmus dieses geheimnisvollen Herzschlags ein; sie gingen rascher. Der Weg führte an den Fuß des Felshangs. Über ihnen türmten sich die Wände hundert Meter hoch bis zur Reling des großen Mesaschiffs (...) Der Weg zog sich ein Stück im Schatten der Mesa hin, bog um einen Felsvorsprung, und hier, in einer von Regen ausgewaschenen Schlucht, führte das steinerne Fallreep hinauf. Sie erkletterten es. Der Pfad war ausnehmend steil und lief im Zickzack von einer Wand der Schlucht zur andern. Manchmal verstummte das Pochen der Trommeln fast ganz, manchmal klang ihr dumpfes Dröhnen nicht weiter entfernt als um die nächste Ecke." (114)

Im nächsten Augenblick schlägt die Sprache dann schon wieder muntere Kapriolen. Als eine negative Utopie (Dystopie) wird *Brave New World* natürlich durch einen satirischen Grundton und ironische Überzeichnungen charakterisiert. Zuweilen scheint sich dieser Ton zu verselbstständigen, in auffälliger Weise überall dort, wo Huxleys Fantasie in der Schilderung der ‚neuen Welt' Flügel zu bekommen scheint. Als Beispiel zitieren wir einen Ausschnitt aus dem **5. Kapitel**:

„Um neun Uhr zwanzig gingen sie die Linden entlang in die neu eröffnete Dom-Diele am Lustgarten hinüber (...) Sie traten ein. Die Luft war fast beklemmend schwer von einem Duft nach Ambra und Sandelholz. (...) Auf die Deckenkuppel hatte die Farbenorgel soeben einen Sonnenuntergang in den Tropen ge-

malt. Die sechzehn Sexofonisten spielten den alten Lieblingsschlager: ‚Du allersüßestes Fläschchen der Welt.' Vierhundert Tanzpaare steppten im Fünfschritt über das Parkett. (...) Die Sexofonisten miauten wie sangesfrohe Katzen im Mondschein, stöhnten lusterstrebend im Alt und Tenor. Reich an Harmonien, schwoll ihr tremulierender Chor zum Höhepunkt an, lauter, immer lauter, bis endlich der Kapellmeister mit einem Wink den erschütternden Schlussakkord Äthermusik entfesselte und mit ihm die sechzehn nur menschlichen Bläser glatt aus dem Dasein strich. Donner in As-Dur." (86 f.)

Ironie und satirische Übertreibungen

Diese ironisch ausgemalte Szene wird von der Kino-Szene noch übertroffen: „... Die Duftorgel verhauchte unterdessen reinsten Moschus. Verröchelnd gurrte eine Tonstreifen-Übertaube ..." (170)
Die Anlehnung an den unterhaltsamen Witz großer satirischer Vorbilder der englischen Literatur ist evident, doch hat Aldous Huxley einen sehr eigenen, ernsten Ton gefunden. Jenseits von Witz und ‚entertainment' stellt er in dem Roman ernst gemeinte Fragen zur Zukunft der menschlichen Gesellschaft, nachdem er der „perfekten Wohlstandsgesellschaft, in der Elend, Krankheit und Not auf Kosten der Humanität überwunden sind"[43], nicht so recht trauen will. Dabei vollzieht sich in der Sprache des Romans eine bemerkenswerte Bewegung. Zwischen der wertentleerten Funktionalität von Sprache, wie sie die *schöne neue Welt* beherrscht, und Michels verzweifelter Suche nach Sinngebung durch den Rückzug auf die kulturellen Leistungen von Sprache und Literatur, spannt sie den denkbar weitesten Bogen. Der „fortschreitenden Zerstörung der Wortbedeutungen"[44], die für den genormten Aufbau des

43 Aldous Huxley: *Brave New World*, Begleittext auf der Rückseite des Buches
44 Jerome Meckier, S. 161

Weltstaates eine der wesentlichen Voraussetzungen ist und seine nur scheinbare Vollkommenheit abbilden, folgt eine Rückkehr zur ‚alten' Sprache, zu klarem und ‚neuwort-freiem' Erzählton. Stellvertretend und als abschließendes Beispiel zitiere ich einen knappen Ausschnitt aus dem **18. Kapitel** (Michels Buß- und Selbstreinigungstortur):

> *„Von Zeit zu Zeit breitete er die Arme aus, als hinge er am Kreuz, und hielt sie so viele Minuten lang, bis der wachsende Schmerz ihn wie im Todeskrampf erzittern ließ; hielt sie in freiwilliger Kreuzigung, während ihm der Schweiß übers Gesicht strömte."* (239)

2.7 Interpretationsansätze

Einen der zentralen Ausgangspunkte für das Verständnis von Huxleys *Brave New World* stellen die zahlreichen Shakespeare-Zitate dar. Sie sollen im Folgenden erläutert werden. Im Anschluss daran zitieren wir einzelne Stimmen zur Gesamteinschätzung des Schriftstellers durch berufene Kritik, aus denen sich Interpretationszugänge ableiten lassen.

Die Shakespeare-Zitate im Roman als Ausgangspunkt für eine Interpretation:
Zitate aus verschiedenen Werken William Shakespeares durchziehen in großer Zahl die zweite Hälfte des Romans zwischen dem 6. und dem 18. Kapitel. Sie wirken wie zufällig eingestreut, sind aber – wie bei Huxley nicht anders zu erwarten – sehr bewusst und funktional in den Roman eingebunden. Die Kernzitate stammen aus *Romeo and Juliet* (1597), *Hamlet* (1601), *Othello* (1604), *King Lear* (1605/6), *Macbeth* (1606) und *The Tempest* (1611).[45] Das vorangestellte und im Roman mehrfach wiederholte bzw. variierte Leitzitat „O Wunder! Was gibt's für herrliche Geschöpfe hier! Wie schön der Mensch ist! Schöne neue Welt, die solche Bürger hat!" ist der späten Romanze *The Tempest* entnommen.
Die dem Gast aus dem Indianer-Reservat in den Mund gelegten Shakespeare-Zitate begleiten die jeweilige Konfrontationssituation zwischen der ‚alten' und der ‚neuen' Welt und bestimmen exakt den erreichten Grad ihrer Diskrepanz. Sie machen auch gleichzeitig die momentane psychische und emotionale Befindlichkeit Michels deutlich. Im Folgenden greife ich acht dieser Zitate auf, um sie in ihrem Bezugskontext zu erhellen.[46]

45 Die Werkdatierungen sind in der Editionsliteratur uneinheitlich.
46 Zitate nach den Einzelausgaben bei Reclam, die Übersetzungen Herlitschkas weichen im Wortlaut davon ab.

8. Kapitel, S. 136

„... zu leben / Im Schoß und Brodem eines eklen Bettes, / Gebrüht in Fäulnis, buhlend und sich paarend / Über dem garst'gen Nest."
(*Hamlet*: III, 4)

Als Michel den Shakespeare-Band erstmals zur Hand nimmt und darin blättert, stößt er auf dieses *Hamlet*-Zitat. Hamlet wirft darin seiner Mutter Gertrude würdeloses Verhalten vor. – Michel ist angewidert von der Hemmungslosigkeit Filines und Popés, den er in aufwallender Eifersucht sogar töten will. Er berauscht sich an den schönen Worten aus dem Shakespeare-Buch. Er versteht sie gar nicht richtig. Dennoch fühlt er, dass sie ihn mehr und mehr einnehmen. Durch Shakespeare wird Michel empfänglich für Werte und lernt sie zu differenzieren.

9. Kapitel, S. 144

„Wie schön der Mensch ist! Schöne neue Welt, die solche Bürger trägt!"
(*The Tempest*: V, 1)

Sigmunds Angebot, ihn mit nach Berlin zu nehmen, bringt ihn fast aus der Fassung. Die beiden Repräsentanten der neuen Welt rufen in Michel eine uneingeschränkt positive Einstellung zu den dort lebenden Bewohnern hervor. Mit der Unschuld des Nicht-Wissenden äußert er wie die junge Miranda aus Shakespeares *The Tempest* diese Worte. Sie ist mit ihrem Vater Prospero auf eine Insel verbannt worden und sieht nach Jahren erstmals wieder andere Menschen. Michels heimliche Gedanken gelten aber Lenina, in deren Nähe er dann öfter zu sein hofft.

9. Kapitel, S. 148
„... Sie dürfen / Das Wunderwerk der weißen Hand berühren / Und Himmelswonne rauben ihren Lippen, / Die sittsam, in Vestalenunschuld, stets / Erröten, gleich als wäre Sünd' ihr Kuss ..."
(*Romeo and Juliet*: III, 3)

Michel ist hingerissen von Leninas Schönheit. Das eingeflochtene Zitat aus der großen *Liebestragödie* drückt sein Hin- und Hergerissensein zwischen Begehren und Scheu aus. Romeo darf sich nach dem Tod Tybalts der Geliebten nicht mehr nähern und fleht Pater Lorenzo in seiner Verzweiflung um Hilfe an. – Michels Worte deuten die zwiespältigen Gefühle an, die ihn in tiefste Verzweiflung stoßen werden. Zwischen Romeo und Julias Liebe stehen die Sterne und die Konventionen der Zeit, zwischen der Michels und Leninas der Unterschied von Welten.

11. Kapitel, S. 162
„Wie schön der Mensch ist! Schöne neue Welt / Die solche Bürger trägt."
(*The Tempest*: V, 1)

Michel fällt es wie Schuppen von den Augen, dass die erträumte Welt nicht vollkommen ist. Sie hat ihre Abscheulichkeiten, die würdeloser sind als die ihm bekannten. Er bedient sich des *Leitzitats*, doch diesmal bereits in einer ironischen Brechung, die seinen gefühlsmäßigen Abstand zu seiner neuen Umgebung ausdrücken.

12. Kapitel, S. 185
„Und wohnt kein Mitleid droben in den Wolken, das in die Tiefe meines Jammers schaut?"
(*Romeo and Juliet*: III, 5)

Helmholtz' Reaktion auf das tiefernste Zitat aus *Romeo and Juliet* trifft nicht Michels Erwartungen. Für Michel kommt in Julias Schmerz über die schroffen Worte ihres Vaters wirkliche Gefühlstiefe zum Ausdruck, während Helmholtz die Verse nur für eine grandiose „Propagandaleistung" des Dichters hält. Vater Capulet steht so unüberwindlich zwischen Romeo und Julia wie die Gegensätzlichkeit der Welten zwischen Michel und den Bewohnern der neuen Welt. Seine Gefühle für Lenina, so wird an dieser Stelle des Romans endgültig klar, können nicht verstanden und auf derselben Ebene auch nicht erwidert werden, wenn nicht einmal der Sprachsensibelste der schönen neuen Welt die Macht von Shakespeares Worten versteht. Man lebt eben nicht mehr in Shakespeares Welt, wie der WAR unmissverständlich, doch ohne Zorn und Eifer, an anderer Stelle zu verstehen gibt.

13. Kapitel, S. 195
„O du schwarzes Unkraut, warum bist du so lieblich schön? Du riechst so süß, dass der Sinn beim Gedanken an dich schmerzt; ich wollte, du wärest nie geboren."
(*Othello*: IV, 2)

Othello ist eine der gewaltigsten Liebestragödien der Weltliteratur. Der verblendete Held tut seiner Frau, der ihm ergebenen und treuen Desdemona, schwerstes Unrecht an. Er belauert, misstraut, beschimpft, prügelt und tötet sie aus Gefühlen heraus, die er nicht mehr kontrollieren kann. – Auch Michel ist kurz davor, Lenina zu misshandeln. Er tut ihr Unrecht, denn sie hat nach ihren Maßstäben nichts Verwerfliches getan. Ungestüm und Unschuld der Jugend, die in *Romeo and Juliet* noch vorherrschen, sind in *Othello* einer verzweifelten Bitternis gewichen. Der romantische Zauber, der noch über Michels erster Begegnung mit Lenina lag, ist dahin. Eine tief gehende Verstörung Michels ist wahrzunehmen.

17. Kapitel, S. 232

„Du hast recht gesprochen; es ist wahr. Das Rad hat sich ganz im Kreis gedreht; ich bin hier."
(*King Lear*: V, 3)

Die Tiefe, aber auch die Ausweglosigkeit des Gesprächs, das Michel mit dem WAR führt, hat seine stimmungsmäßige Entsprechung in dem Zitat aus der Tragödie, in der menschliche Irrtümer, Verfehlungen und Verbrechen schwerwiegendste Folgen für alle Beteiligten haben. Edmund, das verbrecherische Monster aus *King Lear*, ringt sich in seiner Sterbeszene Worte über Recht und Gott ab. – Recht und Gott sind für den WAR Absurditäten, wenn sie verstanden werden, wie Michel sie versteht. Die Menschen der schönen neuen Welt „soufflieren" den Göttern, was Recht und Wahrheit bedeuten.

18. Kapitel, S. 248

„Und alle unsere Gestern haben Narren den Weg zum staubigen Tod geleuchtet."
(*Macbeth*: V, 5)

In einem seiner letzten Zitate greift Michel auf Shakespeares *Macbeth* zurück. In der Tragödie sinniert der Held nach dem Tod seiner Frau, seinen eigenen Untergang vor Augen, über die Wege der Menschen. Sie enden alle gleich. Eines der eindrucksvollsten Zitate aller Shakespeare-Dramen begleitet Michels rückwärts gewandte Gedanken am Ende seines Lebensweges.

Diese Shakespeare-Zitate sind Ausdruck der Individualität Michels, die gegen die Uniformität der schönen neuen Welt steht. Seine an Shakespeare orientierte sprachliche Kultur steht turmhoch über den Reimereien der schönen neuen Welt, deren Infantilität aus der planmäßigen Zerstörung der Sprache herrührt: „Von dir, mein Fläschchen, träum ich ..." (87); „Ford, wir sind zwölf, o mach uns eins ..." (91); „Rutschiputschi, welch ein Fordsspaß ..." (94); „Drück mich, entrück mich, mein Schatz ..." (168). Selbst Helmholtz' Verse, die weit mehr Sprach- und Formbewusstsein beweisen als die staatlich verordneten Einlull-Reime, wirken leblos und reduziert (182). Die Sprache in der schönen neuen Welt hat ihre Seele verloren als Folge der absoluten Kulturnegierung des WAR: „Wozu etwas Bleibendes schaffen, solange es die Gesellschaftsordnung gibt?" (230)[47] – Durch Michel, der sich mit den leidenden Helden aus Shakespeares Stücken identifiziert, formuliert Huxley seine Kultur- und Lebensbotschaft: „The Shakespearean hero has to fight his ethical battles in a world that is intrinsically hostile."[48] Den Kampf um Werte nicht aufgeben, die Errungenschaften von Kunst und Kultur bewahren und tradieren – aus

47 In Ulrich Plenzdorfs Roman *Die neuen Leiden des jungen W.* (1972) gibt es eine auffallende Parallele. Dort bedient sich der Held Edgar Wibeau gar seiner „Werther-Pistole", d. h. er setzt die Zitate aus Goethes Briefroman wie eine Waffe gegen seine verständnislose Umwelt ein. – Vgl. Band 304 unserer Reihe.

48 *Shakespeare and Religion* zitiert aus dem Internet (⇒ Literatur)

diesem Auftrag können wir uns nicht entlassen: „Life without art, in no matter how advanced a technological context, is meaningless."[49]
Wirkt die Shakespeare-Huldigung auch ein wenig aufgesetzt (– welch ein Zufall, dass gerade Popé in dem abgelegenen Reservat die ‚Gesammelten Werke' Shakespeares findet; wie unwahrscheinlich, dass Michel immer gerade das passende Zitat einfällt –), so stellt sie doch so etwas wie eine notwendige ‚Gegen-Gehirnwäsche' für den Leser dar. Huxley zog gegen die drohenden Wertverluste der Zeit mit seinen Mitteln zu Felde, mit spitzer Feder und der Autorität seines Wissens und Gewissens. Prediger sind gelegentlich penetrant und nicht immer hochsensibel im Einsatz ihrer Mittel. Der WAR gegen Shakespeare: Starke Worte brauchen starke Gegenworte, möglichst so, dass sie jeder versteht. –
In den nun zum Schluss dieses Teilkapitels zitierten überwiegend kritisch-positiven Stellungnahmen werden noch einmal einzelne der bislang erläuterten Aspekte aufgegriffen. Wir haben sie an dieser Stelle platziert, um das Materialien-Kapitel zu entlasten.

(1) **Paul W. Gannon hebt Gründe für die ästhetische Qualität und die ungebrochene Wirkung des Romans hervor:**
... The most widely read and in some ways the most important of Huxley's novels is Brave New World. As an example of science ficton, it is outstanding; as social satire, it is devastating; as a perennial „best seller", it is phenomenal. If only because it has been widely read, the influence that this novel has had cannot be measured; to dismiss this novel as a „minor work by a minor author" would be absurd.[50]

49 Vgl. Michael Routh: *A. H. Brave New World,* S. 57 (Longman)
50 Paul W. Gannon, S. 78

(2) **In den Retortenstädten der USA sieht Peter Firchow die lebendigen Vorbilder, auf die Huxley während seiner Amerika-Reisen traf:**
... For Huxley, it is plain, there is no need to travel into the future to find the brave new world; it already exists, only too palpably, in the American Joy City, where the declaration of dependence begins and ends with the single minded pursuit of happiness.[51]

(3) **Jerome Meckier geht der Faszination des Romans auf den Grund, die für ihn zwischen der dargestellten Realität und der Fiktion des noch nicht Erreichten liegt:**
... ‚Brave New World' hat vieles mit dem gesamten Bereich utopischer Literatur gemeinsam; sie war Huxley anscheinend teilweise sehr geläufig, als er den Roman schrieb. Man ist versucht zu sagen, die utopische Literatur sei eigentlich – nicht anders als die Mystik – eine Tradition, in die ein Autor sich vertiefen und in der er unzählige Leitlinien finden kann (...) Der Erfolg der ‚Brave New World' und die Schwächen von ‚Island' werden im Lichte der utopischen Tradition um vieles verständlicher. Huxleys erste Utopie gleicht ihren Vorgängern unter anderem im Gebrauch einer Technik, die man den Einsatz des Bekannt-Unbekannten nennen könnte. Der Roman beginnt in medias res und überschüttet den Leser mit einer ganzen Reihe unerklärter Einzelheiten. Die Anziehungskraft jedes utopischen Werkes hängt zu einem großen Teil von dem anfänglichen Eindruck des Geheimnisvollen und dem entsprechenden Verlangen des Lesers nach einer Erklärung ab (...) Etwas von der Überzeugungskraft jeder guten positiven Utopie und ein großer Teil des Grauens jeder Dystopie kommen aus dem Glauben des Lesers, dass er schon in den Anfangsstadien der Gesellschaft lebt, die der utopische Autor beschreibt, und dass er

51 Peter Firchow, zitiert in Anthony Astrachan, S. 87

womöglich noch zum Zeugen werden kann, wie die Wirklichkeit restlos mit der Romandarstellung übereinstimmt (...)[52]

(4) **In einer frühen Rezension kritisiert Hermann Hesse das Utopische des Romans, in dem die einzige erkennbare Schwäche liege:**
... Huxleys utopischer Roman hat alle die angenehmen Eigenschaften seiner früheren Bücher, die guten Einfälle, die artige Laune, die ironische Klugheit, seine Wirkung wird nur abgeschwächt durch das Utopische selbst, durch die Unwirklichkeit seiner Menschen und Situationen. Dargestellt wird mit Scharfsinn und Ironie eine vollkommen mechanisierte Welt, in welcher auch die Menschen längst nicht mehr Menschen, sondern den von ihnen erwarteten Funktionen gemäß „aufgenormte Maschinchen" sind. Nur zwei von ihnen, ein Überwertiger und ein Unterwertiger, sie haben noch Reste von Menschentum, von Seele, von Persönlichkeit, von Traum und Leidenschaft.[53]

(5) **Für Theo Schumacher hat Aldous Huxley mit diesem Roman seinen Standort als Künstler, Kulturphilosoph und Mensch unter Menschen bereits gefunden:**
... Aldous Huxley hat in seiner Zukunftsutopie das alte Leitmotiv vom Gegensatz zwischen Freiheit und Glück, Geist und Materie, verabsolutiert und gleichzeitig ad absurdum geführt (...) Huxley hat also nicht nur dem Samurai eines Wells, sondern auch dem edlen Wilden seines Freundes Lawrence den Garaus gemacht. Der Traum vom integralen Menschen ist ausgeträumt. Im Niemandsland zwischen entmenschlichendem Fortschritt und barbarischer Tradition ist er mehr denn je von der „human vomedy" überzeugt, aber auch mehr denn je bereit, nicht wie bisher nur distanziert zu wägen, sondern auch engagiert zu wagen.[54]

---

52 Jerome Meckier, S. 163 ff.
53 Hermann Hesse: *Eine Literaturgeschichte in Rezensionen und Aufsätzen*, S. 540
54 Theo Schumacher, S. 59

(6) Der Kulturphilosoph Adorno bemängelt den im Roman anzutreffenden krassen Schnitt zwischen der dargestellten (negativen) Gesellschaft und der (positiven) Individualität, die sich außerhalb geschichtlicher Verläufe bewege:

... Unreflektierter Individualismus behauptet sich, als wäre nicht das Grauen, auf das der Roman hinstarrt, selbst die Ausgeburt der individualistischen Gesellschaft. Aus dem historischen Prozess wird die einzelmenschliche Spontaneität eliminiert, dafür aber der Begriff des Individuums von der Geschichte abgespalten, seinerseits zu einem Stück philosophia perennis gemacht. Individuation, ein wesentlich Gesellschaftliches, wird nochmals zur unabänderlichen Natur.[55]

(7) **Aldous Huxley selbst plädiert für eine Veränderung der Welt, die nicht mechanistisch verlaufen darf:**

... Das Thema in ‚Schöne neue Welt' ist nicht der Fortschritt der Wissenschaft schlechtweg, sondern der Fortschritt der Wissenschaft insofern er den einzelnen Menschen berührt (...) Die einzigen ausdrücklich geschilderten wissenschaftlichen Fortschritte sind solche, welche die Anwendung der Ergebnisse künftiger biologischer, physiologischer und psychologischer Forschung auf die Menschen mit sich bringen kann. Nur mittels der Wissenschaft vom Leben kann die Beschaffenheit des Lebens von Grund auf verändert werden (...) Die wirklich revolutionäre Revolution lässt sich nicht in der äußeren Welt bewirken, sondern nur in den Seelen und Körpern der Menschen. [56]

---

55 Theodor Adorno, zitiert in Hiltrud Gnüg, S. 193

56 Aldous Huxley: Vorwort zu *Schöne neue Welt*, S. 10

(8) **Folgerichtig interpretiert Paul W. Gannon Huxleys Roman als Warnung und Aufforderung an die Menschheit, für den Erhalt des Lebens und der Kultur(en) einzutreten:**

... But many readers and critics still consider, as they have for some years, that this novel is simply an above-average example of science-fiction or an entertaining fantasy. Too few were willing or able to see that Huxley meant Brave New World to be a warning – a warning that a World State ist not only possible but probable if we do not protect the rights of the individual to be an individual: to be unique and free (...) If we are complacent, indifferent, uninterested in our future – he believes the future is not worthwhile. But if we are willing to search for answers and to work out solutions – the individual and individuality can be saved.[57]

57 Paul W. Gannon, S. 38 ff.

3. Themen und Aufgaben

Schöne neue Welt ist eine gern und häufig an Lernende herangetragene Schullektüre.[58] Nicht selten greifen junge Leser unaufgefordert zu dem Roman. Für Studenten der Anglistik sind Huxley und dieser Roman eine Selbstverständlichkeit („*Der englische Roman im 20. Jahrhundert*"). Es fällt auch nicht schwer, geeignete Aufgaben für schulische und häusliche Arbeit aus der Begegnung mit ihm herzuleiten. Zumeist bewegen sich diese Aufgaben in vertrauten Bahnen (inhaltlich orientiert, sprachorientiert, gattungsbezogen, problembezogen).[59]
Weniger üblich ist es, in der Auseinandersetzung mit *Schöne neue Welt* Themen und Aufgaben zu gewinnen, in denen eine freierc Verarbeitung der Leseeindrücke angeregt wird. Das erklärt sich aus mangelnder Gewöhnung einerseits, aus der Ablehnung vermeintlich unseriöser ‚Spielereien' andererseits. Dabei wirft ein Roman wie *Schöne neue Welt* mühelos ein volles Spektrum reizvoller Aufgaben ab, die keineswegs niveaulos sein müssen und ganz andere Kompetenzen der jugendlichen Lerner herausfordern als die geläufigen.[60] Es darf ergänzt werden: zum Vergnügen aller Beteiligten.
Als Anregung zur vertiefenden Arbeit mit dem Roman schlagen wir zwei Aufgaben-Blöcke vor, einen eher konventionell ausgestatteten (**A**) und einen auf einen ‚freieren' Zugriff einge-

58 Eine der ersten detailliert entwickelten Unterrichtsreihen zu diesem Roman war die von Ingrid Sonnhütter in der Reihe „Stundenblätter" (Klett 1983).

59 In dem Aufriss von Sonnhütter und in vielen nachfolgenden waren Themen und Aufgaben im Wesentlichen auf eine minutiöse Durchdringung aller zentralen Aspekte des Romans gerichtet. Dies entsprach der seinerzeit stark propagierten „Wissenschaftsorientierung". Sie hat heute (besonders in Oberstufenkursen) nach wie vor ihre Gültigkeit, jedoch ihren Alleinanspruch aufgeben müssen.

60 Eine kreativ-produktive Verarbeitung wird zwar bereits seit Anfang 1970 propagiert (Pielow, Sanner), aber solche Verfahren finden nur zögerlich ihren Weg in den Schulen. Einer ihrer profiliertesten Verfechter ist G. Waldmann. – Vgl. auch den Band 142 unserer Reihe Königs Erläuterungen und Materialien, Themen und Aufgaben

richteten (**B**). Für beide gilt als unverzichtbare Voraussetzung die Kenntnis des Primärtextes.

Aufgabenblock A	**Lösungshilfen**
▶ Nehmen **Sie zu einem der drei Leitsätze** aus der schönen neuen Welt (kritisch) **Stellung.**	*siehe Kap. 2.2*
▶ Welche **Gefahren** würden Sie für unsere Gesellschaft sehen, wenn eine **uneingeschränkte sexuelle Freiheit** ausgerufen würde?	*siehe Kap. 2.4*
▶ Wie verstehen Sie die **Gleichsetzung** Huxleys von **Ford** mit **Gott**?	*siehe Kap. 2.2*
▶ In unserer Zeit und Gesellschaft hat die **Familie** noch eine herausgehobene Bedeutung. Stellen Sie diesen Fakt in Frage und suchen Sie nach **Begründungen für eine Gesellschaft von morgen.**	*siehe Kap. 2.2; 2.4; 2.7; 4.*
▶ Huxleys negative Utopie stellt die ‚perfekte' Gesellschaft gegen die Individualität. Stellen Sie Thesen auf, in denen Sie den **Wert der Individualität gegen den Wert einer uniformen Gesellschaft** vertreten.	*siehe Kap. 2.4; 2.7; 4.*

Aufgabenblock B | **Lösungshilfen**

Aufgabenblock B	Lösungshilfen
▶ Stellen Sie **leitmotivische Musikzitate** zusammen, die zu den Romankapiteln 1–18 passen könnten (Diskette, CD).	*siehe Kap. 2.2*
▶ Wählen Sie **eine der Hauptfiguren** aus und entwerfen Sie deren „Normal-Biografie" (positive/negative Charakter- und Figurenzeichnung).	*siehe Kap. 2.4*
▶ Wählen **Sie einen einzigen Shakespeare-Text** aus und begleiten Sie Michel mit Zitaten ausschließlich aus diesem Werk. Achten Sie bei Ihrer Wahl des Textes darauf, dass Michels Veränderungen durch die Zitate nachvollzogen werden können.	*siehe Kap. 2.4; 2.7*
▶ Geben Sie den Kapiteln 1–18 **Überschriften** und stellen Sie ihnen jeweils **ein ironisches Motto** voran (frei erfunden).	*siehe Kap. 2.6*
▶ Gestalten Sie einen **werbenden Reiseführer** für ‚Touristen', die die schöne neue Welt besuchen wollen. Halten Sie sich dabei an Orte und Errungenschaften, die im Roman angegeben sind.	*siehe Kap. 2.2*
▶ Schreiben Sie **einige Tagebuchseiten Michels/Leninas** mit Eindrücken, die beide vom jeweils anderen haben. Dabei sollen die gegensätzlichen Auffassungen mit posi-	

tiver Anteilnahme, jedoch mit Verwunderung und Unverständnis ausgedrückt werden. *siehe Kap. 2.4; 2.7*

- Fertigen Sie eine **Reisekarte ins Reservat** an und füllen Sie diese Karte mit begleitenden Stichwörtern aus dem Primärtext sowie mit Hinweisen auf die Reiseroute Michels und Leninas. *siehe Kap. 2.2*

- Schreiben Sie einen **Zeitungsartikel** als derjenige Reporter, der Michels letzte Geißelung miterlebt hat. Schreiben Sie a) einen **Sensationsartikel**, b) einen **kulturkritischen** gegen den WAR. *siehe Kap. 2.4*

4. Rezeptionsgeschichte

Huxleys Persönlichkeit und literarisches Werk (über 40 Bücher) haben Spuren in unseren Gesellschaften ab der Mitte des 20. Jahrhunderts hinterlassen. Ohne ihn wären Entwicklungen, wie sie uns aus den USA der 60er Jahre bekannt sind, und die später auch bei uns stattfanden, nicht denkbar. Sein Einfluss zumal auf die Jugend Amerikas und der Welt war enorm („Hippie-Generation"). Es war Huxley, der - wie R. Lucas schrieb - „dem Genuss von Rauschmitteln die Respektabilität seines Namens"[61] verlieh. Die damit verbundenen Negativassoziationen dürfen nicht zudecken, wie viel er zur ‚Ich-Entdeckung' des modernen Menschen im positiven Sinne beigetragen hat. Sein literarisches Werk steht dabei für sich. Es hat Größe und Gewicht. Die Popularität von *Brave New World* verdrängt andere seiner Werke, insbesondere die Essays[62], unverdientermaßen in die zweite Reihe. Freilich enthält gerade dieser Roman soviel an Hinweisen auf Zukünftiges in Huxleys Werk, dass er den aufmerksamen und interessierten Leser an weitere Titel des Autors heranführt.
Von den in der direkten Nachfolge dieses Romans stehenden Büchern anderer Autoren sind nur zwei an dieser Stelle besonders erwähnenswert, die bittere Utopie *Nineteen Eighty-Four* von George Orwell (1948) und *Lord of the Flies* von William Golding (1954). Beide Romane setzten *Brave New World* und die Traditionslinie der negativen Utopien unmittel-

61 Robert Lucas, S. 314

62 Einzelne Essays, die besonders im Zusammenhang mit dem erläuterten Roman weiterführend und im Hinblick auf die Persönlichkeit Aldous Huxleys erkenntnisfördernd sind: *Ways and Means* - Deutsche Ausgabe: *Ziele und Wege* (1949); *Themes and Variations - Themen und Variationen* (1952); *Brave New World Revisited - Dreißig Jahre danach oder Wiedersehen mit der Wackeren neuen Welt* (1960); *Literature and Science - Literatur und Wissenschaft* (1964) und der erwähnte Essay *Shakespeare and Religion* (1964)

Huxley: ***Brave New World***	**Orwell:** ***Nineteen Eighty-Four***
Weltstaatenlenker (Mustafa M.); Brut- und Normenzentrale des Weltstaates	Parteidiktatur; „Der große Bruder" (O'Brien) London; vier Ministerien
Wahlspruch des Erdballs; „entrümpelte" Sprache	Politische Schlagworte; Parolen; leitende Wahlsprüche der Partei
Uniformierte Gesellschaft in verordnetem Wohlstand	Uniformierte Gesellschaft mit verordneter Anerkennung des „großen Bruders"
Soma-Slogans; Soma-Kultur	Ideologie unter dem Diktat des „großen Bruders"; verordnete „Glückseligkeit"
Fehlen von Moral, Gefühl, Religion, Kunst und Kultur; künstlich hervorgerufene Einheitsgefühle	Auslöschen der Vergangenheit; Einheitsgefühle der Angst und des Hasses, propagandistisch angeheizt
künstliche, „tote" Menschen; säuberlich klassifiziert (Alphas bis Epsilons)	Auslöschen eines individuellen Bewusstseins
Widerstand von innen und außen	Widerstand aus dem System

bar fort. Die Übereinstimmungen und Ähnlichkeiten von Huxleys Roman mit dem Orwells sind stellenweise frappant. In einer direkten Gegenüberstellung (s. S. 85) einiger inhaltlicher Momente wird dies sehr deutlich.

Dennoch ist Orwells Roman ebenso wenig wie der Goldings lediglich eine modifizierte Kopie des Vorgänger-Romans.[63]
Die Filmindustrie, für die Aldous Huxley selbst gearbeitet hat, hat sich einiger seiner Bücher angenommen und Leinwandstreifen bzw. TV-Versionen eingerichtet. Die Resultate waren unterschiedlich: *The Devils of Loudun*, eine 1971 gezeigte Filmfassung der historischen Biografie, war künstlerisch und auch finanziell ein großer Erfolg. Der Titel wurde auch vertont (Penderezky-Oper) und kehrte in einem sehr eigenständigen Theaterstück *The Devils* (1969) von John Whiting wieder.[64]
Im Jahr 1972 gab es eine Verfilmung von *Point Counter Point* zu sehen. Der Filmerfolg hielt sich in Grenzen. Von den beiden Verfilmungen des utopischen Romans *Brave New World* (1980; 1998) kam die ältere besser an. In einer Kritik dazu hieß es: „It strikes the right balance between humour and futuristic melodrama to hold interest, but always remains credible."[65]
Die jüngere Filmfassung konnte nicht überzeugen.

Verfilmungen

Die Rezeption Huxleys durch die Wissenschaften bleibt naturgemäß einer nicht-akademischen Öffentlichkeit verborgen. Die Zahl der jährlich weltweit veröffentlichten Artikel, Exa-

63 Vgl. auch die Bände 108 und 332 unserer Reihe.
64 John Whiting (1918–1964) ist leider ein wenig in Vergessenheit geraten. Er zählte zu den hoffnungsvollsten jungen englischen Dramatikern nach dem 2. Weltkrieg. Sein Stück *The Devils* hielt sich sehr eng an das Buch von Huxley. Im Mittelpunkt der ca. 60 sehr rasch wechselnden Auftritte des Stückes stehen die Zentralgestalt Père Grandier, die vom Teufel besessenen Hexen und die Staatsvertreter (Richelieu, Ludwig XIII., Prinz von Condé). – *The Devils*. London: Heinemann, 1961. – Vgl. Robert Fricker: *Das moderne englische Drama, S. 77–83*
65 zitiert aus dem Internet (⇒ Literatur)

Brave New World – ein Anstoß in viele Richtungen

mensarbeiten/Dissertationen ist beträchtlich. Von den zahlreichen via Internet zugänglichen Quellen/Arbeiten zu Aldous Huxley ist die website somaweb.org. besonders erwähnenswert (⇒ Literatur). Allein die dort ausgewiesene deutsche Huxley-Forschungsstelle (Universität Münster) nennt für den Zeitraum 1994–2000 ca. 60 wichtige Publikationen von international renommierten Anglisten.

Die engagierte und begeisterte Beschäftigung mit Aldous Huxley unterstreicht seine ungebrochene Aktualität. Das hat seinen Grund, den ich mit den Worten Theo Schumachers zusammenfassend noch einmal nennen möchte: Leben und Werk dieses sensiblen, selbstkritischen und höchst sprachbewussten Autors zeigen

> *„exemplarisch, wie ein moderner, sich seiner höheren Bestimmung bewusster Mensch seine Welt entdeckt, sein Selbst ergründet und seinem inneren Ruf folgt, getreu seinem von Goya übernommenen Wahlspruch ‚Aún aprendo' (Immer ein Lernender)".*[66]

66 Theo Schumacher, S. 8

5. Materialien

In diesem Kapitel sind Aussagen zur *literarischen Utopie* versammelt. Sie sollen dem Lernenden helfen, Huxleys Roman in einen literarhistorischen und romantypologischen Kontext zu stellen.

1) In seinem Aufsatz skizziert Gero von Wilpert knapp das Wesen der positiven und negativen Utopie:

... (Der) Staatsroman gestaltet staatliches (politisches, soziales, wirtschaftliches) Leben in Romanform, in den seltensten Fällen als Selbstzweck, zumeist mit der erzieherischen und theoretischen Absicht, das für seine Zeit ideale Bild des Staates als verwirklicht vorzuführen, und zwar entweder auf historisch-politischer Grundlage als Idealisierung e. bestehenden oder in der Vergangenheit vorhandenen Staatsgebildes oder als Verwirklichung fordernde Zukunftsvision, als Utopie. (...) Phantastischer und ungebundener an die realen Möglichkeiten, als allzu unbesorgtes Wunschbild e. menschlichen Gesellschaft der Zukunft, erscheint die Utopie; wenngleich auch sie weltanschaulich begründet und den geistesgeschichtlichen Strömungen ihrer Epoche verhaftet bleibt, neigt sie häufiger zur Satire durch Übersteigerung der ungesunden herrschenden Zustände, und nur in ihrer ernsten Art gestaltet sie das ideale Ziel e. festgefügten, vernunftmäßig begründeten und auf der Vernunft als alleinigem Grundsatz beruhenden Sozialordnung, deren Höchstes das Glück der Menschen ist, dem auch der Staat nur zu dienen hat. (...) Eine Fülle von S. entsteht in der Zeit nach dem 1. Weltkieg, oft aus tiefster Skepsis und Verzweiflung an der Realisierbarkeit e. annehmbaren menschlichen Gesellschaftsordnung und unter geschickter Ausnutzung der wachsenden Macht-

fülle des Menschen durch die Vervollkommnung der Technik; die Frage nach der zukünftigen Entwicklung bleibt z. T. unbeantwortet, z. T. durch bitter höhnische Zerrbilder entschieden. Ratlosigkeit steht am Ende.[67]

2) Die grundsätzliche und tiefe Zerrissenheit der menschlichen Natur wird von Klaus J. Heinisch herausgestellt. Dieser Dualismus ist immer Antrieb und Nährboden für utopischen Aufbruch und für die Empfänglichkeit des Menschen für utopisches Gedankengut.

... Das ‚utopische' Wesen des Menschen

Der Mensch ist ein zwiespältiges Wesen. Zwischen den äußersten Gegensätzen der lichtlosen Dumpfheit des Instinktes und der strahlenden Selbstgewissheit des Geistes, zwischen der Göttlichkeit der schöpferischen Freiheit und dem unbewussten Drang der Triebe fühlt er sich unsicher schwankend und zutiefst fragwürdig, von der einen Seite zauberhaft angezogen, der anderen offenbar rettungslos verfallen. Mit allen seinen Kräften strebt er zum Licht und ist doch dem dunklen Schoß der mütterlichen Erde unverbrüchlich verhaftet. So verfällt er immer wieder unversehens in Zweifel: In jenen Zweiheitsglauben, jenen Dualismus, der Sein und Bewusstsein, Geist und Körper, Leib und Seele sich gegenüber- und entgegenstehen und ihren niemals endenden Kampf führen sieht, einen Kampf, der zudem nirgends anders als eben in ihm, dem Menschen selbst, ausgetragen werden kann.[68]

3) Richard Saage erkennt die wachsende Unsicherheit der Menschen in unserer Zeit angesichts der raschen Raum greifenden technischen Entwicklungen, von denen sich jede Gesellschaft bedroht fühlt, als Grund für die gestiegene Zahl der negativen Utopien.

67 Gero von Wilpert: *Sachwörterbuch der Literatur*, S. 589–591
68 Klaus J. Heinisch, S. 219

... Norbert Elias hat angesichts der wissenschaftlich-technischen Entwicklung darauf hingewiesen, dass in der Gegenwart eine offene Diskrepanz existiert „zwischen dem Niveau der Naturkontrolle, der Gesellschaftskontrolle und der Selbstkontrolle" der Menschen. Mit der Ausdehnung des Bereichs der Machbarkeit habe sich die Mitverantwortung aller Menschen für den Gang der Dinge auf der Erde außerordentlich vergrößert. In dem Maße jedoch, in dem sie dieser Verantwortung in keiner Weise gewachsen seien, mache sich eine Verunsicherung breit, die ein gesellschaftliches Klima für die Konjunktur negativer Utopien erzeuge. Zwar ist die von den Utopisten erhoffte Entfaltung der Produktivkräfte auf höchstem wissenschaftlich-technischen Niveau erfolgt. Aber diese Entwicklung wurde nicht durch die Entstehung eines „neuen" Menschen begleitet, der durch Qualitäten ausgezeichnet ist, die ihn befähigen, die technischen Möglichkeiten der Naturbeherrschung und gesellschaftlichen Planung an humane Zwecke zu binden. „Kein Wunder", schreibt Elias, „dass in dem literarischen Niederschlag der Fantasiebilder, die mögliche Lösungen der gegenwärtigen sozialen Probleme darstellen, also in den Utopiebüchern des 20. Jahrhunderts, gefürchtete Lösungen viel stärker hervortreten als erwünschte, schwarze Utopien stärker als weiße."[69]

4) Von einem außerliterarischen Betrachterstandpunkt wird für Wolfgang Biesterfeld das Wesen der literarischen Utopie am ehesten offenbar, die stets auf die Darstellung eines (idealen oder pervertierten) Staates gerichtet ist.

... Es scheint in der Tat angebracht, die Typologie der Utopien in ihren verschiedenen Erscheinungsformen von einem Blickpunkt außerhalb des Literarischen anzugehen, denn mag auch die Ge-

---

69 Richard Saage: *Politische Utopien der Neuzeit*, zitiert in Hans-Ulrich Lindken, S. 74–78

staltung der jeweiligen Rahmenhandlungen und Kontexte noch so poetischen Charakter haben: Es wird immer die politische Verfassung des beschriebenen Gemeinwesens sein, die Kriterien für einen Vergleich mit anderen Entwürfen an die Hand gibt. So ist zwar überaus deutlich, in wie starkem Maße die Utopisten über die Intention anderer Autoren hinaus, die ohnehin durch ihr Schreiben eine eigene poetische Wirklichkeit schaffen (...), „seinsstiftend" agieren und damit durch Methoden traditioneller Literaturbetrachtung erfasst werden können, doch wird hier gerade mehr „gestiftet" als nur poetische Realität: Es geht um den Staat, wie er sein oder nicht sein sollte.[70]

5) Die Autorin Gnüg betont die ästhetischen Probleme, die sich den Verfassern von Utopien stets vorrangig stellen.

... Es liegt am Genre des utopischen Staatsromans, dass inhaltliche Fragen von besonderem Interesse sind. Andererseits jedoch stellt es die Autoren auch vor schwierige ästhetische Probleme. Ihr Hauptproblem bleibt das der ästhetischen Langeweile. (...) Die Utopien des 20. Jahrhunderts, die zum größten Teil das Gegenteil von dem sind, was Utopia zunächst zu sein beanspruchte, deren Welt einer Schreckensvision entspringt, werden ihre Erzählstrategien ändern. Da Kritik an diesem Negativstaat nur möglich wird, wenn sich der Einzelne nicht in Übereinstimmung mit dem Staatssystem empfindet, gewinnt hier die Geschichte des Individuums, seine Erfahrungen, seine Ängste, seine Wünsche, seine Widersprüche, an Bedeutung. Der Einzelne wird zum Störfaktor im funktionierenden negativen Gesellschaftsmodell.[71]

70 Wolfgang Biesterfeld, S. 85
71 Hiltrud Gnüg, S. 18 f.

Literatur

Huxley, Aldous: *Brave New World.* London 1932.
Huxley, Aldous: *Schöne neue Welt.* Frankfurt a. M., 58. Aufl. 2000
(nach dieser Ausgabe wird zitiert)

Brave New World. Herausgegeben von Dieter Hamblock. Stuttgart 1992 (Reclam UB 9284)

Brave New World Revisited (Essays). New York 1958

Bass, Eben E.: *Aldous Huxley. An Annotated Bibliography of Criticims.* New York - London 1981

Meckier, Jerome (Hg.): *Critical Essays on Aldous Huxley.* New York 1996

Clark, Ronald W.: *The Huxleys.* London 1968

Atkins, John: *Aldous Huxley. A Critical Study.* New York 1956.

Firchow, Peter: *Aldous Huxley. Satarist and Novelist.* Minneapolis 1972

May, Keith.: *Aldous Huxley.* London 1972

Meckier, Jerome: *Aldous Huxley: Satire and Structure.* London 1969

Schumacher, Theo: *Aldous Huxley mit Selbstzeugnissen und Bilddokumenten.* 3. Aufl. Reinbek b. Hamburg, 1998

Astrachan, Anthony: *Aldous Huxley's Brave New World.* Woodbury, N. Y. 1984 (Barron's Educational Series)

Bode, Christian: *Aldous Huxley. Brave New World.* München 1985

Calder, Jenni: *Huxley and Orwell: Brave New World and Nineteen Eighty-Four*. London 1976

Erzgräber, Willi: *Aldous Huxley: Satire und Didaxis in der Darstellung der gesellschaftlichen Wirklichkeit. Der englische Roman von J. Conrad bis Graham Greene.* Tübingen – Basel 1999

Firchow, Peter: *The End of Utopia. A Study of Aldous Huxley's Brave New World*. London 1984

Gannon, Paul W.: *Aldous Huxley's Brave New World (and: Point Counter Point, After Many A Summer Dies The Swan, Eyeless in Gaza).* New York 1965 (Monarch Notes)

Hagopian, John V./Martin Dolch (Hg.): *Aldous Huxley. Brave New World.* In: Insight II. Analyses of Modern British Literature. Frankfurt a. M. 1970

Handley, Graham: *Aldous Huxleys Brave New World.* London 1992 (Brodie's Notes)

Meckier, Jerome: *Aldous Huxley: Utopie im Kontrapunkt und Wunschtraum.* In: Willi Erzgräber (Hrsg.): Englische Literatur von Wilde bis Beckett. Interpretationen (9), S. 153–189

Poppe, Reiner: *Aldous Huxley. Schöne neue Welt. Ray Bradbury. Fahrenheit 451.* 5. verbess. Auflage Hollfeld: Bange 1999 (Königs Erläuterungen und Materialien)

Roes, Carla: *The Counterpoint of Satire: Art and Criticism in Aldous Huxley's Early Novels.* Horizonte 1999

Routh, Michael: *Aldous Huxley. Brave New Wold.* 17. Aufl. London 1999 (Longman Literature Guide)

Sonnhütter, Ingrid: *Stundenblätter Aldous Huxley Brave New World.* Stuttgart 1983

Aldington, Richard: *David Herbert Lawrence mit Selbstzeugnissen und Bilddokumenten.* 4. Aufl. Reinbek b. Hamburg 1995

Fricker, Robert: *Das moderne englische Drama.* 2. durchgesehene und erweiterte Auflage. Göttingen 1974

Hesse, Hermann: *Eine Literaturgeschichte in Rezensionen und Aufsätzen.* Herausgegeben von Volker Michels. 2. Aufl. Frankfurt a. M. 1979

Kermode, Frank: *Lawrence.* 3. Aufl. Bungay (Suffolk) 1976

Lucas, Robert: *Frieda von Richthofen. Ihr Leben mit D. H. Lawrence.* München 1975

Biesterfeld, Wolfgang: *Die literarische Utopie.* Stuttgart 1974 (Sammlung Metzler)

Gnüg, Hiltrud: *Utopie und utopischer Roman.* Stuttgart 1999 (Literaturstudium Reclam)

Heinisch, Klaus-J.: *Der utopische Staat. Morus (Utopia), Campanella (Der Sonnenstaat), Bacon (Neu Atlantis).* Reinbek b. Hamburg 1978

Lindken, Hans-U.: *George Orwell Neunzehnhundert-vierundachtzig.* 7. durchges. Aufl. Hollfeld/Obfr. 1996

Saage, Richard: *Politische Utopien der Neuzeit.* Darmstadt 1991, S. 264–269 (Wissenschaftliche Buchgesellschaft)

Wilpert, Gero von: *Sachwörterbuch der Literatur.* 3. Aufl. Stuttgart 1961

Hinweise zu Huxley im Internet:

• www.britcoun.de > websites > English and Irish Authors on the Web > 480. **Aldous Huxley** > somaweb.org.
Hier finden sich zahlreiche, teilweise sehr ergiebige Links, u. a. zu
Huxley related films at the Internet Movie Database (TV 1980 und 1998) und *Themes in Aldous Huxley's Life and Literature*

• Weiteres auch bei der ***Aldous Huxley-Forschungsstelle*** an der Westfälischen Wilhelms-Universität Münster unter somaweb.org